HABILIDADES SOCIALES 2.0 & COMUNICACIÓN EN LAS RELACIONES

Iniciar Una Conversación. Mejora La Comunicacion Con Tu Pareja Y Resuelve Cualquier Situacion Social

HABILIDADES SOCIALES 2.0 CONVERSACIÓN

Habla Con Cualquiera Y Desarrolla Un Carisma Magnético

Descubre Métodos Disrputivos Para Mejorar Tus Habilidades De Comunicación

Copyright 2019 - Todos los derechos reservados.

El siguiente libro se reproduce a continuación con el objetivo de proporcionar información lo más precisa y fiable posible. Independientemente de ello, la compra de este libro puede considerarse como un consentimiento al hecho de que tanto el editor como el autor de este libro no son de ninguna manera expertos en los temas tratados en él y que cualquier recomendación o sugerencia que se haga en el presente documento es sólo para fines de entretenimiento. Los profesionales deben ser consultados cuando sea necesario antes de emprender cualquiera de las acciones aquí aprobadas.

Esta declaración es considerada justa y válida tanto por la Asociación Americana de Abogados como por el Comité de la Asociación de Editores y es legalmente vinculante en todos los Estados Unidos.

Además, la transmisión, duplicación o reproducción de cualquiera de los siguientes trabajos, incluyendo información específica, se considerará un acto ilegal, independientemente de si se realiza por vía electrónica o impresa. Esto se extiende a la creación de una copia secundaria o terciaria de la obra o de una copia grabada y sólo se permite con el consentimiento expreso por escrito del Editor. Todos los derechos adicionales reservados.

La información de las páginas siguientes se considera en general como un relato veraz y preciso de los hechos y, como tal, cualquier falta de atención, uso o uso indebido de la información en cuestión por parte del lector hará que las acciones resultantes queden exclusivamente bajo su responsabilidad. No hay escenarios en los que el editor o el autor original de este trabajo pueda ser considerado de alguna manera responsable por cualquier dificultad o daño que les pueda ocurrir después de haber realizado la información aquí descrita.

Además, la información de las páginas siguientes está destinada únicamente a fines informativos y, por lo tanto, debe considerarse como universal. Como corresponde a su naturaleza, se presenta sin garantía de su validez prolongada o de su calidad provisional. Las marcas registradas que se mencionan se hacen sin consentimiento por escrito y de ninguna manera pueden ser consideradas como un endoso del titular de la marca registrada.

Tabla de Contenidos

Introducción **8**
Capítulo 1 - Establecimiento de la probabilidad **12**
    El sesgo de confirmación 12
    Las Cualidades y Comportamientos que lo Hacen
    Instantáneamente Agradable 14
    ¿Qué determina el comportamiento probable? 18
    Los Siete Malos Hábitos que lo Están Haciendo
    Desagradable 20
**Capítulo 2 - Los fundamentos de una buena
conversación** **24**
    Cómo causar una gran primera impresión 24
    Gane en una pequeña charla con el modelo ARE 28
    Tres maneras esenciales de llevarse bien con
    cualquiera que conozca 29
    Seis consejos para resistir la timidez y la falta de
    confianza 33
**Capítulo 3 - Encendiendo Interacciones
Excepcionales** **37**
    Temas de conversación y consejos para cada
    escenario posible 37
    Los peores errores que puede cometer en una
    conversación 42
    Ideas para evitar conversaciones aburridas 47
    Tres reglas generales para iniciar una conversación
    interesante 50
**Capítulo 4 - Cultivando el Carisma y el
Magnetismo** **52**
    Los Trece Secretos para Desarrollar una Personalidad
    Magnética 52

Todo lo que necesitas saber sobre la trifecta del encanto 59
Tres pasos para convertirse en una persona más interesante 66

Capítulo 5 - Conociendo a su audiencia 70
Micro expresiones 72
Los seis tipos de comunicadores y cómo ganárselos 75
Consejos de conversación para audiencias especiales 80

Capítulo 6 - Construyendo Conexiones Profundas .. 83
Trucos de conversación para establecer una relación instantánea con alguien 84
Cómo formar relaciones significativas 86
Los Hábitos de las Personas Emocionalmente Inteligentes 89
Por qué la autocompasión es importante para las relaciones sanas 92

Capítulo 7 - Situaciones difíciles y errores sociales 95
Cómo hablar para salir de situaciones difíciles o incómodas 95
Lidiando con personalidades difíciles 100
¿Cuándo está bien mentir? 106

Capítulo 8 - Uso de la conversación para obtener lo que desea 107
Maneras sutiles de demostrar dominio 108
Técnicas de persuasión para todas las situaciones 111
Tres trucos para seducir a alguien a través de la conversación 114
Seis consejos altamente efectivos para negociaciones exitosas 118

Conclusión 121

Introducción

Sé la verdadera razón por la que abriste este libro: estás desesperado por ver un cambio en tu vida diaria. Estás aburrido de interacciones sociales mediocres, una carrera sin salida y estás decepcionado por tus relaciones tensas o insatisfactorias. Sabes que puede mejorar -has visto a otras personas desarrollar el tipo de relaciones que deseas- y ahora quieres ser dueño de ese tipo de influencia social.

Esto puede sorprenderte, pero no eres el único que se siente así. Ligas de personas de todo el mundo sueñan con estos cambios y, al igual que ustedes, tienen la corazonada de que la solución radica en ampliar sus capacidades sociales. Al igual que tú, quieren ser un maestro de la conversación.

Pero la buena noticia es que ya estás un paso por delante de ellos.

¿Por qué? Es muy sencillo. Has dado el primer paso. Has abierto este libro. Estás a punto de comprometerte con mayores logros y relaciones más poderosas, y eso te hace un poco más inteligente que el resto. Felicitaciones por acercarse un poco más a sus metas.

Tal vez sea torpe y tímido. Tal vez, usted se siente constantemente abrumado en entornos sociales, como si su presencia no importara. Nunca se sabe lo que hay que decir y se siente como si siempre estuviera un latido detrás del resto.

O tal vez, no se siente nada incómodo socialmente, simplemente quiere ejercer más influencia sobre tus compañeros y tener un impacto más fuerte en todos los que conoces. Usted ha visto la forma en que algunas personas obtienen lo que quieren usando sólo sus palabras, y usted quiere experimentar cómo es. Te diré ahora, esta experiencia puede ser suya con algo de práctica y sabiduría experta. No es tan difícil como parece, sólo necesita el entrenamiento adecuado.

Sea cual sea la etapa en la que te encuentres, tanto si es un tímido alhelí como si es un conversador bastante seguro, este libro le llevará al mismo destino: la cima de su juego de comunicación. Este libro le mostrará todo el espectro, desde las bases de una buena conversación hasta las herramientas avanzadas de persuasión e influencia. Dividiremos el lenguaje, el comportamiento y la personalidad en sus partes digeribles - y usted logrará el dominio sobre todas ellas. Aprenderás a ser amigo, seducir y resolver conflictos sólo con la magia de la comunicación. Y al final de su entrenamiento, usted sabrá cómo navegar casi todas las situaciones conocidas por el hombre. Desde los escenarios difíciles y tensos hasta las conexiones íntimas y profundas.

No se equivoque, estas habilidades sacudirán los cimientos de toda su vida. Después de todo, la calidad de nuestras relaciones está directamente relacionada a nuestra comunicación. Esto puede significar la diferencia entre una lucha constante y una conversación empoderante. O la diferencia entre una interacción aburrida y una conversación fluida que te lleva a una oportunidad que te cambia la vida. ¿Nuestra única advertencia? Esperamos que estén listos para estas nuevas habilidades.

Verás, la comunicación es lo más cercano a la magia que existe. Una vez que domine el tono, el lenguaje, el tiempo y algunos otros factores esenciales, podrá producir cualquier efecto deseado. La mente humana es maleable, y a excepción de la idiosincrasia ocasional, las necesidades humanas son bastante fáciles de anticipar. Comprenderlos es la clave para formar estrategias sociales exitosas. Pronto aprenderás todo esto.

Desarrollé estas habilidades avanzadas de la manera difícil: a través del ensayo y el error, a través de caer presa de las tácticas de los maestros, y conociendo todo tipo de personalidad imaginable, no importa cuán agravante sea. Estudié los métodos de una amplia gama de personas y aprendí de sus errores así como de sus éxitos. Dije e hice lo incorrecto, pero luego aprendí a decir lo correcto. Y perfeccioné lo correcto. Descubrí cuándo lo correcto funciona mejor, cuándo no funciona en absoluto y cuándo lo correcto debe dar paso a algo mejor. Observé cada movimiento, cada sutileza. Y luego hice una extensa investigación para ampliar lo que ya sabía. Diseccioné las poderosas áreas de comunicación que la mayoría de la gente pasa por alto; te enseñaré a no volver a pasarlas por alto nunca más y a cómo utilizarlas para tu mayor beneficio.

He visto a frágiles don nadie convertirse en maestros de la persuasión con una presencia que no puede ser ignorada. A menudo me dan las gracias las personas que han utilizado mis consejos, con la afirmación de que han transformado sus relaciones personales y que también les han ayudado a crear relaciones nuevas y más significativas. Pero no es de extrañar que estos beneficios surjan. Perfeccionar el arte de la conversación es sinónimo de perfeccionar la capacidad de vivir en tándem con otros seres humanos. Las personas a las que he ayudado se han convertido en expertos en ambos. Compartiré estos mismos secretos con ustedes, muy pronto.

Con mi ayuda y experiencia, usted pasará de la timidez, la torpeza y todas las razas de ineptitud social. En lugar de ello, usted generará interacciones fascinantes, conexiones profundas y desarrollará todas las habilidades necesarias para ser dueño de cada una de las habitaciones en las que entre. No sólo abrirá puertas a nuevas oportunidades, sino que encantará a esas puertas desde sus bisagras. Mis guías recorrerán toda la gama, desde seducir intereses románticos hasta negociar un mejor trato, niños, personalidades difíciles y más. No necesitará ninguna otra guía de comunicación. Considera esto como tu biblia de conversación.

Usted ha dado ese primer paso vital - ahora no cometa el error común de terminar el viaje aquí. Recuerde este hecho importante: la complacencia es el asesino silencioso de todo el potencial. ¿Qué puertas están permitiendo que se cierren mientras se sientan ociosos?

A medida que revele el próximo capítulo de este libro, también revelará *su* nuevo capítulo. Bienvenido a la única guía de comunicación que necesitará.

Capítulo 1 - Establecimiento de la probabilidad

Imagínate esto: un hombre entra en la fiesta a la que vas a asistir. Está vestido excepcionalmente bien con una camisa llamativa, pantalones elegantes y casuales, y zapatos de cuero pulido. Hace contacto visual con todos los que están en la habitación por un breve momento, sonriendo ocasionalmente y saludando amistosamente a alguien que reconoce. Su cuerpo está abierto hacia la habitación, e incluso está asintiendo ligeramente con la cabeza al ritmo de la música que suena en el fondo. La mujer con la que hablas, tu nueva conocida, Claire, se fija en él. Ella saluda con la mano y él hace lo mismo. Mira entre los dos, observa la situación, y luego se acerca lentamente, listo para presentarse con una cálida sonrisa.

Antes de decir una palabra, este hombre se ha establecido como una persona agradable. Es muy probable que ya te sientas cómoda dejándolo participar en tu conversación. Incluso puedes sentir el deseo de conocerlo y considerarlo como un amigo potencial. Es cierto que no sabes realmente quién es, y es posible que sea lo contrario de lo que esperas, pero el punto es que quieres averiguarlo. Y como ha mostrado un comportamiento agradable, ya está en ventaja.

El sesgo de confirmación

Cuando tenemos una idea o creencia preexistente, tendemos a notar solamente factores que pueden confirmar nuestras suposiciones. Esta idea constituye el quid de la cuestión del sesgo de confirmación. En otras palabras, usted ve lo que quiere ver para confirmar que su juicio inicial fue correcto. A los humanos les gusta tener razón. Así que absorbemos la información de forma selectiva para demostrar nuestro punto de vista, no para refutarlo.

¿Cómo encaja esto en nuestro escenario con el hombre agradable? Digamos que finalmente hablas con él, y él erróneamente asume que te ha conocido antes y te llama por el nombre equivocado. Esto sería un flub social de su parte, pero si usted ya había establecido que usted piensa que él es agradable, probablemente lo dejaría pasar fácilmente. De hecho, usted probablemente pensaría, "Oh, es un simple error. Sucede a veces y no puedes evitarlo. Estoy seguro de que conoce a mucha gente". Entonces lo olvidarías y en su lugar elegirías recordar lo amable que fue cuando se disculpó.

Pero considere este otro escenario: digamos que fue un hombre diferente, y entró en la habitación con el ceño fruncido y la mandíbula apretada. Cuando miró alrededor de la habitación, sus ojos se detuvieron un poco demasiado tiempo y de manera inapropiada sobre una mujer guapa, y cuando se fijó en su amigo, levantó las cejas y no sonrió. Si ocurriera lo mismo cuando te llamara por el nombre equivocado, probablemente no serías tan indulgente. Uno pensaría: "Está claro que no respeta a la gente". Usted elegiría recordar el error que cometió, e incluso si se disculpara, lo más probable es que sea más difícil ganarse su confianza.

En ambos escenarios, sólo buscas confirmar lo que ya crees, pero podrías estar completamente equivocado sobre ambas suposiciones. El primer hombre podría llegar a ser un narcisista arrogante y el segundo podría llegar a ser inteligente y amable, pero muy torpe desde el punto de vista social. El problema es que sólo lo sabríamos con seguridad si nos sentamos y llegamos a conocer a estos hombres a un nivel más profundo. Pero la mayoría de las interacciones sociales no nos conceden tanto tiempo y es muy probable que ya hayas decidido que no quieres conocer al hombre desagradable.

Es por eso por lo que debemos enfatizar el comportamiento agradable. La gente está evaluando si les gustas o no, y si quieren conocerte o no, tan pronto como entras en la habitación. Y esto influirá en gran medida en todas las interacciones en curso. Puede que tengas una gran personalidad, pero nadie lo sabrá nunca si tu comportamiento te parece frío, incómodo o poco atractivo. Comience con el pie derecho y envíe señales positivas.

Las Cualidades y Comportamientos que lo Hacen Instantáneamente Agradable

1. Una apariencia impresionante

Contrariamente a la creencia popular, una apariencia impresionante no sólo consiste en una buena apariencia o ropa cara. Abarca todo lo relacionado con la forma en que nos llevamos y nos presentamos al mundo. Incluye

- La forma en que te vistes

Vestirse bien no siempre significa ser formal. De hecho, una parte necesaria de vestirse bien es asegurarse de que se ha vestido apropiadamente para la ocasión. Si alguien llega a una reunión social de bajo perfil en un traje afilado sin ninguna razón, puede ser percibido como pretencioso. Por el contrario, si se trata de un evento formal y usted asiste con zapatillas de deporte, se le considerará descuidado y no se lo tomará en serio.

Las personas que se visten bien para cada ocasión (esto significa ropa ajustada, ordenada y apropiada) siempre ganarán más respeto que alguien a quien no le importa en absoluto lo que llevan puesto. ¿Por qué? No sólo envía el mensaje de que eres inteligente y competente, sino que también dice a la gente: "Soy extremadamente consciente de la sociedad y tengo los medios para cuidarme a mí mismo".

- La forma en que hablas

¿Murmura o difama con sus palabras? ¿Se ríes nerviosamente entre frases? ¿O enuncian y hablan al ritmo adecuado? La forma en que usted habla es un reflejo de muchos atributos importantes. Determinará en gran medida cómo te percibe la gente y, mejor aún, la forma en que otros elegirán interactuar contigo. Si su voz es demasiado suave y lenta, se sentirá abrumado. Los estudios han demostrado que aquellos que muestran voces bajas dan la impresión de ser débiles e inexpertos. En el extremo opuesto, sin embargo, una voz aguda y fuerte es percibida como poco confiable, arrogante e impaciente. La voz ideal es firme, bien definida y a un ritmo y volumen medio. Incluso si estás diciendo un simple saludo, proyecta la voz que mejor se adapte al mensaje que quieres enviar.

2. **Lenguaje corporal abierto e interesado**

Sus gestos y posturas también están enviando mensajes. Puede que usted no sea consciente de ello, pero cada persona que se encuentre con usted responderá a la posición de su cuerpo. Para mejorar su simpatía, es imperativo que usted muestre un sentido de apertura.

- Vuélvete hacia la persona con la que estás hablando.

Su cara puede estar inclinada hacia su compañero de conversación, pero ¿qué pasa con el resto de su cuerpo? Cuando usted es rechazado, su lenguaje corporal podría ser interpretado como desinteresado o nervioso. Enfrentarlos de frente, sin embargo, hará que parezcas interesado e interesado en la conversación. Esto, a su vez, hará que la gente se sienta más inclinada a comprometerse con usted.

- <u>Gesto con las manos o deje que sus brazos cuelguen sueltos</u>

La gente tiende a pasar por alto lo que hacen sus brazos cuando conversan, pero esta es otra señal reveladora de cómo se siente una persona. Los brazos apretados y bloqueados dan la impresión de ser alguien inseguro o rígido. Para que parezca más agradable, déjelos colgando y, si puede, haga un gesto mientras habla. La gente tiende a responder bien a alguien que es expresivo con sus manos. Esto demostrará que usted se siente cómodo, seguro y entusiasmado con la situación en cuestión.

- <u>Refleja el comportamiento de tu compañero de conversación</u>

Los humanos tienen una profunda necesidad de hacer conexión con alguien más. Una manera efectiva de encender los sentimientos de conexión es imitar el comportamiento de alguien en una conversación. Cuando dicen algo y sonríen, intenten sonreír también. Si ellos toman un sorbo de su bebida, tú también deberías hacerlo. Esto hará que la otra parte sienta que usted está alineado con ellos, como si estuviera en la misma página. Sin embargo, para que el reflejo funcione con éxito, es importante que no lo haga durante toda la conversación, ya que esto parecerá antinatural y es probable que la otra persona lo note. Los psicólogos también aconsejan no hacer un reflejo de inmediato. Si una conversación no ha tenido tiempo de encontrar su ritmo, cualquier mimetismo consciente será visto como tal.

- Postura suelta y erguida

Todos sabemos que estar de pie y derecho transmite una impresión más atractiva, pero eso no es todo. Nuestra postura también debe ser bastante floja, ya que esto le dice a la gente que somos acogedores y cómodos. Las personas que se mantienen erguidas y rígidas tienden a parecer inaccesibles y a veces incluso severas.

3. Parecer contento de estar allí

Cuando una persona parece feliz de estar donde está, se ve cómoda y segura de estar cerca. Cuando nos encontramos con alguien que aparece de esta manera, también nos sentimos instintivamente cómodos, y sentimos que su compañía debe ser agradable. Esto es similar a mostrar un lenguaje corporal abierto, pero no del todo igual. El lenguaje corporal abierto dirá que estamos disponibles, pero un aura feliz y agradable realmente enviará la invitación.

- Sonriendo la cantidad justa

La señal más reconocible de felicidad es la sonrisa, y es una manera fácil de transmitir su placer. Mantenga una sonrisa relajada en su rostro y descubrirá que más personas comienzan a interactuar con usted. Sonríe a los intervalos apropiados cuando alguien está contando una historia y sonríe cuando veas a alguien que conoces. Sólo tenga cuidado de no sonreír demasiado o demasiado si no es completamente genuino. Una sonrisa falsa puede ser alarmante y espeluznante, y puede producir un efecto adverso.

- Asegúrese de que su expresión neutra sea relajada y agradable

Muchos de nosotros perdemos el control de nuestras expresiones neutrales. Creemos que parecemos perfectamente normales, pero otras personas podrían pensar que somos inaccesibles. ¿Has visto alguna vez a alguien con Resting Bitch Face (RBF)? Exactamente. Manténgase consciente de cuál es su expresión neutra. Incluso si usted está deambulando por la mesa de bocadillos para tomar más comida con los dedos, mantenga su expresión relajada, con las comisuras de los labios ligeramente hacia arriba. Esto no es una sonrisa completa, pero transmite el mensaje de que usted está feliz de estar allí.

¿Qué determina el comportamiento probable?

El comportamiento probable no se compone de un conjunto aleatorio de rasgos y acciones, sino que todos ellos se pueden reducir a las mismas necesidades básicas. Buscamos garantías básicas en cada persona que encontramos y esto determinará cuán positivamente respondemos a ellas, así como cuán probable es que volvamos a buscar su compañía. Si usted tiene en mente las tres necesidades básicas de sus compañeros de conversación, es posible que se encuentre exhibiendo un comportamiento agradable de manera natural.

- Seguridad

Puede que no se den cuenta de esto, pero una serie de cualidades que buscamos, como la proximidad y la confianza, pueden atribuirse a nuestro deseo de seguridad. La naturaleza animal básica en todos nosotros quiere asegurar que no recibiremos amenazas a nuestro bienestar. No se trata sólo de nuestra seguridad física, sino de nuestro sentido del yo tal como lo conocemos. Queremos evitar las amenazas emocionales y mentales, al igual que queremos evitar una amenaza física. Cuando una persona demuestra ser accesible o confiable, esencialmente está diciendo: "Estás a salvo a mi alrededor". Una vez que nuestro cerebro capta esta señal, nos relajamos y nos abrimos a la posibilidad de conexión.

- Importancia

Una vez que establecemos que estamos seguros, nos ablandamos con la idea de conectarnos, pero no estamos allí inmediatamente. También queremos sentirnos significativos e importantes a cierto nivel. No basta con que una persona sea accesible. Si realmente no están escuchando lo que estamos diciendo, o siempre están mirando por encima de nuestro hombro porque están esperando una oportunidad para hablar con alguien más, lo más probable es que no nos impresionen del todo. Incluso si alguien está sonriendo y actuando muy amablemente, siempre podemos sentir cuando nuestra presencia es verdaderamente valorada y deseada. Naturalmente, queremos estar donde se nos aprecia.

- Expansión

Un nuevo conocido nos ha hecho sentir cómodos y significativos en su presencia - pero todavía falta algo. La guinda del pastel es la expansión y una oportunidad de crecimiento. El deseo de evolucionar y ser mejores de lo que somos es una necesidad humana natural. La solución a esta necesidad puede tomar muchas formas, pero todo se reduce a una sensación de emoción y un desafío positivo.

Cuando encontramos a alguien que nos entretiene y estimula intelectualmente, nuestra necesidad de expansión mental y emocional se satisface. Esta necesidad también abarca el humor ya que lo que encontramos verdaderamente divertido, subconscientemente hace cosquillas a nuestro intelecto. Todos hemos encontrado chistes que consideramos "demasiado tontos" o chistes que simplemente "no entendemos".

Esta es la necesidad más difícil de cuidar ya que el gusto personal puede jugar un papel importante aquí. También es importante notar que las personas que pueden cuidar de las necesidades de expansión de los demás son usualmente del mismo nivel de CI. Lo que una persona encuentra interesante puede ser extremadamente aburrido o confuso para otra persona.

Los Siete Malos Hábitos que lo Están Haciendo Desagradable

¿Recuerdas al tipo desagradable de antes? Está mostrando una miríada de desviaciones sociales que están enviando los mensajes equivocados.

Pero ¿quieres saber una idea aterradora? Usted también ha cometido algunos de esos errores antes. De hecho, es posible que incluso los haga hasta el día de hoy. Examinemos algunos errores sociales clásicos y menos conocidos, para que puedas empezar a ser más agradable ahora mismo.

1. Constantemente en el teléfono

Nadie debería sentirse mal por echar un vistazo a su teléfono o escribir un mensaje de texto rápido, pero en esta época moderna, tal moderación es rara. Si tienes el teléfono contigo constantemente, y se te ve hojeando por los medios sociales mientras estás en compañía de otras personas, vas a dejar una mala impresión. Ser absorbido por su dispositivo cuando otras personas esperan que usted permanezca presente es visto como extremadamente grosero. ¿Empezarías a leer un libro en medio de una reunión social? Cualquier persona decente no lo haría, y esto no es muy diferente a las distracciones telefónicas frecuentes. Guarde este comportamiento para cuando esté solo o en una reunión muy informal.

Si está esperando una llamada o intentando resolver algo importante a través de un mensaje de texto, hágalo en otra habitación. O alternativamente, pídele disculpas a la gente con la que estás y explícale cómo estás tratando un asunto importante. Este consejo también se aplica a las conversaciones telefónicas ruidosas en público. Busca otra habitación o baja la voz.

2. Sentarse encorvado en su asiento

A menos que estés en la casa de tu mejor amigo para una reunión casual, encorvarte o caer en tu asiento es una señal de que eres perezoso o sumiso. Para la gente que no conoces, puede incluso transmitir una total falta de interés en lo que dicen. Al encorvarse, usted hace que su cuerpo parezca más pequeño, e instintivamente interpretamos esto como una falta de confianza y poder.

3. Contacto inapropiado o falta de contacto visual

Observar lo que alguien hace con sus ojos es una gran manera de obtener una buena lectura de ellos. ¿Están mostrando juicio al mirar a todos hacia arriba y hacia abajo? ¿Están siendo misóginos al mirar a las mujeres de manera inapropiada? ¿O son torpes y distantes, sin hacer ningún contacto visual? Todo lo anterior son ejemplos de lo que puede desconcertar a un nuevo conocido. Evite cometer esos errores.

4. Mala higiene

Cuando alguien huele mal o parece que no se ha lavado en días, dice: "No puedo cuidarme solo". Como animales inteligentes que están interesados en la autopreservación, estamos programados para ser repelidos por algo que pensamos que está sucio. Subconscientemente lo asociamos con caldos de cultivo para organismos y enfermedades que podrían amenazar nuestro bienestar. Incluso si sabemos que una persona no está enferma, el animal que se conserva en nosotros ha aprendido a tener esta reacción ante situaciones, objetos o personas potencialmente antihigiénicas.

Por supuesto, nadie deja de cuidar a un amigo o ser querido porque tienen mala higiene, pero es la razón por la que tenemos el impulso de taparnos la nariz y sentarnos más lejos de ellos. Estas reacciones no conducen a interacciones sociales positivas.

Este reflejo está conectado a nosotros de la misma manera que no podemos evitar parpadear y producir lágrimas cuando una partícula extraña entra en nuestros ojos. Estas son las formas en que el cuerpo vivo ha aprendido a hacer frente a las amenazas potenciales.

Por esta razón, la mayoría de las personas (excepto las que ya viven en condiciones insalubres) son repelidas por una mala higiene. Aunque es perfectamente normal tener un día sudoroso de vez en cuando, hará que no pueda seducir o conectarse con las personas como lo haría usualmente.

5. No participar en las conversaciones

Ser misterioso es una cosa, pero si siempre estás en silencio en ambientes sociales, esto puede hacer que parezcas poco amistoso o incluso tonto. Cuando la gente reservada está en presencia de sus amigos salientes, es natural dejar que los que hablan hablen, pero deben resistirse a este impulso. Incluso si es sólo una frase o una pregunta aquí y allá, asegúrate de que estás contribuyendo con algo en cada conversación en la que estés involucrado. Es muy sencillo: si no ofreces nada, parece que no tienes nada que ofrecer.

6. No vestirse apropiadamente

¿Recuerdas lo que dijimos de vestirse bien para cada ocasión? No todo el mundo tiene un gran sentido del estilo, y eso está bien, pero al menos, debes asegurarte de vestirte adecuadamente. Esto aplica a hombres y mujeres. Guarda tus faldas y camisetas de tirantes para las fiestas con tus buenos amigos, no las utilices para eventos formales o reuniones con los padres de tu pareja. Tenga en cuenta lo siguiente: Vístase siempre alineado con el mensaje que desea enviar a la habitación.

7. No respetar el espacio personal

El espacio personal es más que simplemente interponerse en el camino de alguien o tocar a alguien que no conoces bien. Abarca conductas como cortar frente a un extraño en la fila, pasar por las pertenencias de alguien sin permiso, o entrar a la habitación, oficina o casa de alguien sin llamar primero. Incluso las acciones que pretenden ser amistosas, como abrazar por la fuerza a alguien que no conoces, pueden ser experimentadas como una violación del espacio personal. Depende de si se le dio el consentimiento verbal o no verbal para entrar en el espacio de alguien o tocar su propiedad (y esto incluye su cuerpo).

Siempre respete la privacidad de los demás y su derecho a rechazar el contacto físico. Cualquiera que presencie tal invasión lo verá como irrespetuoso y socialmente inepto.

Nunca pierdas de vista la forma en que te presentas al mundo, ya sea física o conductualmente. Una conversación es mucho más que nuestras comunicaciones verbales; también se trata de lo que decimos con nuestras acciones y respuestas. Para dominar verdaderamente las habilidades de conversación, debes conquistar el arte de la conducta agradable.

Capítulo 2 - Los fundamentos de una buena conversación

Has aprendido a comportarte en público, pero el viaje está lejos de terminar. Tan pronto como abres la boca para entrar en una conversación, te encuentras en una situación diferente y un nuevo conjunto de habilidades entra en juego. Nuestra imagen es una cosa, pero tan pronto comienza esta fase de la comunicación, la gente finalmente llega a ver cómo esa imagen se compara con lo que decimos y cómo lo decimos. ¿Somos todo lo que nos presentamos a nosotros mismos? ¿Somos tan impresionantes como las palabras de nuestro currículum? ¿Tenemos tanta clase como la forma en que nos vestimos?

Cómo causar una gran primera impresión

Usted puede pensar que las interacciones cortas son más fáciles de lograr, pero eso no podría ser menos cierto. A diferencia de las charlas sentadas o las conversaciones largas, usted tiene menos tiempo para ganarse a la otra parte. Si te comportas mal o dices algo que no debiste, antes de que te des cuenta, así es como te recordarán de ahora en adelante. Tienes un intento y luego se termina hasta la próxima reunión, si es que existe.

Aprender a dominar las primeras impresiones y las charlas son cruciales para muchos eventos que dan forma a la vida. Un posible nuevo empleador no tiene tiempo o el interés de conocerte en profundidad, necesitas encantarle en poco tiempo. Y la misma regla se aplica a ese lindo niño o niña con el que te encuentras a veces. Necesitas dar una buena impresión antes de conseguir esa reunión o cita.

Para convertir ese encuentro de una sola vez en algo más, aquí hay algunos consejos esenciales:

- **Mantequea tu presentación**

No digas simplemente: 'Mi nombre es Peter', di: 'Mi nombre es Peter, es un placer conocerte'. Esto hará que otra persona tenga una buena impresión tuya. Hemos establecido que los humanos disfrutan sintiéndose seguros y significativos; esta es una manera fácil y sencilla de marcar ambas casillas inmediatamente.

- **Aprende a dar un buen apretón de manos**

Muchos empleadores potenciales y contactos profesionales prestan atención a la forma en que usted les da la mano. Tenga en cuenta estos tres factores principales: la fuerza de su agarre, la duración y la posición de su mano.

El apretón de manos perfecto no debe ser demasiado suave, ni demasiado apretado, sino perfectamente firme. Usted debe estrecharles la mano no más de tres segundos, pero lo ideal es que sean dos segundos. Durante el apretón de manos, el brazo también debe estar perfectamente vertical. Nunca muestre la parte inferior de su muñeca o la parte superior de su antebrazo, ya que esto muestra sumisión o dominación respectivamente.

Tenga en cuenta que si usted da la mano a un individuo que pone su mano en la parte inferior, con su muñeca expuesta, esto significa que están haciendo un juego de poder. Si te empujan hacia ellos mientras te estrechan la mano, también están realizando un movimiento de poder. Estos son signos clásicos de ejercer el dominio. No aconsejamos hacer estos juegos de poder con otras personas, a menos que estés preparado para un poco de tensión.

- **Sea considerado**

Hay una buena razón para que este encuentro sea breve. Tal vez esté hablando con alguien mientras están en el trabajo, entre reuniones o en un evento social lleno de gente. Cualquiera que sea el escenario, tenga en cuenta el tiempo y la atención de los demás. Considere las circunstancias y pregunte en qué momento podría convertirse en una intrusión. ¿Estás tratando de hablar con alguien mientras trabaja? ¿O tal vez están en su breve pausa para el almuerzo y tú los sostienes en el pasillo de la oficina? No insista en mantener la atención de una persona por mucho tiempo, cuando usted sabe que no es la única razón por la que está allí.

- **Haga contacto visual**

Durante los encuentros rápidos, muchas personas rehúyen el contacto visual. Ya sea debido a la incomodidad social o porque te han cogido por sorpresa, resiste la tentación de dejar que se vea esta incomodidad. Haga suficiente contacto visual con la persona con la que está hablando, pero también resista el impulso de mirar fijamente. Míralos directamente mientras hablan. Para conversaciones individuales, debe romper el contacto visual cada 7-10 segundos. Para los ajustes de grupo, sin embargo, intente romper el contacto visual entre 4 y 6 segundos.

- **Haga una pregunta para demostrar que está interesado**

Es una charla rápida, seguro, pero está bien hacer una pregunta siempre y cuando sea fácil de responder y no tengan prisa por llegar a ninguna parte. Esto demuestra que estás interesado y curioso sobre ellos, ya que elegiste hacer una pregunta cuando no tenías que hacerlo. Esto es aún más importante para las entrevistas de trabajo, ya que los empleadores esperan preguntas e incluso juzgan a los posibles empleados basándose en las preguntas que formulan.

Cualquiera que sea la situación, asegúrese de que las preguntas que haga durante los encuentros breves no sean demasiado personales o que requieran mucho tiempo.

- **No seas *demasiado* honesto cuando respondas a la pregunta "¿Cómo estás?"**

Hay algunas personas con las que *podemos* ser honestos sobre cómo lo estamos haciendo, pero todas ellas son personas que ya conocemos bien, en cuyo caso, hace tiempo que hemos pasado la etapa de preocuparnos por las primeras impresiones. Con el resto, sin embargo, es mejor mantenerlo ligero y positivo. Incluso si usted está pasando por un período difícil en su vida, infravalórelo de tal manera que la otra persona no sienta de repente que tiene que preguntar qué es lo que está mal y consolarlo. Di algo como: "He estado mejor, pero estoy seguro de que las cosas mejorarán pronto". A menudo, cuando la gente te pregunta cómo estás, lo hacen por cortesía y buen decoro social. Guarde sus respuestas largas y honestas para sus buenos amigos y familiares. Y siempre recuerde hacer la misma pregunta a la otra persona.

- **Utilizar factores desencadenantes ambientales**

Si no se te ocurre nada que decir, mira a tu alrededor. ¡Hay material por todas partes! Si te encuentras con alguien en una tienda de comestibles, puedes preguntarle si compra allí con frecuencia. Si el encuentro tiene lugar en la estación de tren, puedes compartir hacia dónde vas y preguntar hacia dónde se dirigen también. Si la persona en cuestión lleva algo especialmente llamativo, ¡hágale un cumplido! Mira a tu alrededor en el momento y te darás cuenta de que hay mucho de lo que hablar.

- **Dar una despedida edificante**

A veces tienes suerte y la persona con la que te has encontrado es alguien a quien quieres volver a ver pronto. Puedes hacer planes y separarte con un feliz, "¡Nos vemos el martes!" La mayoría de las veces, sin embargo, probablemente te encuentras con alguien a quien no te importa volver a ver, o con alguien a quien no estás seguro de volver a ver, como un posible empleador. Para causar la mejor impresión, envíelos con algunas palabras de despedida positivas y edificantes. Dígales "¡Que tengan un buen día!" o deles buenos deseos con respecto a lo que han compartido con usted. Por ejemplo, "Buena suerte con tu maratón" o "Diviértete en la cena".

Gane en una pequeña charla con el modelo ARE

Si quieres una fórmula sencilla y fácil para una buena charla, esta sección es para ti. Carol Fleming, experta en comunicaciones y entrenadora, creó un método de tres puntos para ayudar a las personas a mejorar en la conversación. Este plan funciona tanto para gente tímida como para gente segura de sí misma. ARE significa:

- **Ancla** - Para empezar, encuentre algo que usted sea su compañero de conversación y que ambos tengan en común en el momento actual. Fleming describe esto como tú realidad compartida". Mire a su alrededor y vea lo que nota. Podría ser cualquier cosa, desde la comida que se sirve o alguien con un traje escandaloso que ambos puedan ver. Anclar implica elegir un enfoque y afirmar la observación. Por ejemplo, digamos que estás haciendo una pequeña charla en una fiesta de lujo. Díselo a un nuevo conocido: "Estos aperitivos son deliciosos."

- **Revelar** - Luego viene algo sobre ti. Comparte un comentario ligeramente personal que sea relevante para el tema que acabas de mencionar. No tiene que ser complicado o alucinante. Esto es sólo para establecer la dinámica de compartir con los demás. Podrías decir: "Ojalá pudiera hacer algo así, pero no soy muy hábil en la cocina".

- **Anime** - Finalmente, usted le da a su conocido una oportunidad para responder. Enfóquese en ser amigable y alentador para que ellos compartan información sobre sí mismos con usted. Esto debería tomar la forma de una pregunta. Una idea es: "¿Eres un buen cocinero? ¡Pareces alguien con muchos talentos ocultos!"

Siempre que se sienta nervioso o más inestable de lo habitual, recuerde esta fórmula para volver a la rutina de la conversación. No huyas de las charlas triviales. Es el precursor de una larga y atractiva conversación con un posible nuevo amigo o conexión profesional. Es el primer paso que conduce a todos los demás pasos. Tenga en cuenta estas herramientas para empezar a ganar en la charla.

Tres maneras esenciales de llevarse bien con cualquiera que conozca

Todos conocemos a alguien con un encanto aparentemente irresistible; alguien que es querido por todos los que conocen, sin importar el tipo de personalidad ni las circunstancias. El truco para llevarse bien con los demás no es la ciencia de los cohetes, pero sí requiere un gran cambio mental y de comportamiento. Puede que ya hayamos mostrado un comportamiento agradable, ganándonos el interés de un nuevo compañero de conversación, pero ahora necesitamos saber cómo mantener ese interés. Ahora que alguien nos ha dado la oportunidad de conocerlos, necesitamos un nuevo conjunto de habilidades para crear armonía conversacional.

1. Muestre interés genuino en los demás

Parece simple, ¿no? Y sin embargo, te sorprendería saber cuántos fracasan en este paso básico. Mostrar un interés genuino requiere algo más que asentir con la cabeza y sonreír. ¿Recuerda la necesidad social básica de significación? La persona con la que estás conversando debe sentir que te importa lo que dicen y quiénes son. Todos queremos sentirnos valorados y apreciados. Estos comportamientos pueden demostrar un interés genuino:

- Haga preguntas. Conozca mejor a la persona con la que está conversando, pero asegúrese de hacerlo de una manera que no sea interrogativa, y manténgase alejado de las preguntas que son demasiado personales a menos que las conozca bien. Si le están hablando de una actividad que les gusta, pregúnteles por qué les gusta, o cuándo empezaron.

- Presta atención. Cuando alguien está hablando, manténgase presente y escuche lo que está diciendo. La mayoría de la gente puede sentir cuando la persona con la que está hablando se ha quedado fuera de la conversación, y esto es un gran problema social. ¿Por qué querrías hablar con alguien que no está escuchando? No lo harías. Si alguien está contando una historia, trate de pintar un cuadro mental con los detalles que le están dando. Un buen truco es imaginar lo que dicen en una película.

- Muestre entusiasmo. Cuando alguien te hable, no asientas con la cabeza y parpadees como un tonto.

Sonría, luzca receptivo, y cuando compartan nueva información con usted, muestre entusiasmo. Cuando sea necesario, responda con frases como: "¡Wow, eso es muy interesante! Es genial oír eso". La gente siempre responde bien a la positividad entusiasta.

2. Sea amable

La gente que muestra amabilidad es agradable de estar cerca: eso es un hecho. Instintivamente nos sentimos seguros a su alrededor y desarrollamos confianza en ellos. Un acto o una palabra de bondad puede alegrar un día, y es un paso importante para llevarse bien con alguien. Será difícil encontrar a alguien que no se deje seducir por la bondad. Aquí hay algunas ideas para mostrar tu lado bueno:

- Demuestre buenos modales. Así es, todo lo que tus padres te enseñaron a decir por favor y gracias, a mantener la puerta abierta, a respetar el espacio personal y todo lo demás, son habilidades sociales valiosas. Los modales muestran consideración por los demás. La razón por la que se nos enseña esto cuando somos jóvenes es porque es la forma más básica de la bondad humana. Demuestra buenos modales y empezarás con buen pie.

- Empatizar. Esto no significa que tengas que escuchar los problemas de alguien y tomarle la mano; siempre podemos sentir empatía, incluso en asuntos pequeños. Tal vez, estás en una cena formal y la comida de alguien se olvida. Diga algo como: "Siento mucho que tenga que esperar. Siempre es molesto cuando la comida no llega a tiempo". Es simple, pero lleno de empatía. La otra persona sentirá inmediatamente que usted se preocupa por ella y será muy receptiva a cualquier otra cosa que usted diga.

3. Abrir

¿Recuerdas nuestra necesidad de expansión? No basta con ser amable y receptivo, también debemos demostrar a nuestros interlocutores que tenemos algo que ofrecerles. Hacemos esto abriéndonos, hablando de nosotros mismos, y respondiendo a lo que ellos dicen de una manera reflexiva, informativa o entretenida.

- Comparta sus experiencias. La mejor parte de esto es que puede ser cualquier cosa que le guste compartir. Los únicos requisitos son que sea apropiado y que no domine toda la conversación durante un largo período de tiempo. Puedes compartir cualquier cosa, desde un encuentro divertido que tuviste ese día hasta una experiencia fascinante que tuviste en el extranjero. Manténgalo interesante y omita los detalles innecesarios. Cuando compartimos historias con otros, les permite conocernos y les invita a ver lo que es interesante de nosotros.

- Comparta un pensamiento, sentimiento u observación interesante. Si no tienes ninguna experiencia relevante para compartir, o simplemente no puedes pensar en nada, entonces trata de responder a tu entorno actual o a la conversación que tengas a mano. Idealmente, sería algo que refleje su gusto personal o una opinión que usted tiene. Quieren conocerte, ¿recuerdas?

Seis consejos para resistir la timidez y la falta de confianza

Algunos de ustedes no pueden evitarlo, son tímidos y así es como son. Eres más cauteloso con la gente, y nunca has entendido cómo las cajas de charla pueden interactuar tan libremente con otras personas que no conocen. Incluso si tienes el deseo de socializar, terminas por no contribuir mucho a la conversación. A veces esto se debe a que tienes ansiedad social y falta de confianza, y otras veces, es sólo porque eres más reservado que la persona promedio.

No hay nada malo en ser tímido o reservado, pero definitivamente encontrarás situaciones en tu vida en las que tendrás que hablar más de lo que te sientes cómodo. Tal vez esté hablando con un posible empleador, o tal vez esté conociendo a los padres de una persona importante por primera vez. Para protegerse de momentos incómodos y silencios, tenga en cuenta estos consejos:

1. Prepárese de antemano

Si estás nervioso por una próxima interacción social, no hay nada malo en prepararse para ella con anticipación. Piense en historias interesantes para contar, y tal vez incluso practique la manera en que desea contarlas. Si te sientes seguro, prepara algunos chistes. Asegúrese de conocerlos bien, pero trate de no exagerar, ya que de lo contrario no sonarán naturales.

Si usted ya sabe acerca de los temas de conversación potenciales que la otra persona planteará, también es una buena idea pensar en cómo responderá usted. Por ejemplo, si estás a punto de pasar tiempo con alguien que recientemente ha viajado mucho, piensa en una experiencia de viaje interesante que hayas tenido, y practica contar la historia de una manera divertida. Usa lo que sabes de la gente con la que pasas el tiempo para crear grandes temas de conversación e historias.

Si estás a punto de conocer a los padres de tu pareja por primera vez y sabes que te preguntarán sobre tu carrera o dónde creciste, piensa en historias interesantes y relevantes que puedas compartir con ellos. Para estar más preparado, haga una lista de preguntas para hacer siempre que haya una pausa en la conversación.

Las interacciones planificadas pueden resultar muy bien, y lo mejor es que después te sentirás mucho más seguro.

2. Concéntrate lejos de ti mismo

Si temes ser el centro de atención, este es un consejo para ti. Hay muchas maneras de dirigir la atención hacia otra persona. Una forma segura es hacer muchas preguntas. En lugar de permanecer en silencio, trate de aprender acerca de otra persona. Esto reflexionará positivamente sobre ti, ya que también parecerás curioso e interesado, dos cualidades a las que la gente tiende a sentirse atraída. No tendrás que sentirte vulnerable y, sin embargo, sigues participando en la conversación.

Para mantener la atención fuera de ti durante el mayor tiempo posible, asegúrate de hacer preguntas abiertas, no sólo algo que pueda ser respondido con un "sí" o un "no". Si conoces a alguien de un lugar extranjero, pregúntale cómo es el lugar de donde vienen, y si estás hablando con un conocido del trabajo, pregúntale qué les gusta hacer los fines de semana. Para evitar ser el centro de atención, piense en más preguntas para mantener la conversación en evolución. De lo contrario, la otra persona probablemente preguntará "¿Y tú?"

3. Concéntrese en conectar, no en impresionar

Durante los momentos de ansiedad, las personas tienden a olvidar que es más importante conectarse que impresionar. Si te concentras en impresionar, lo más probable es que te encuentres con que te esfuerzas demasiado y haces todos los movimientos equivocados. La gente puede sentir cuando alguien está tratando activamente de impresionar, y esto tiende a producir una reacción negativa. En lo que deberías centrarte es en la conexión genuina. Conozca a la otra persona, simpatice con ella y no tenga miedo de hacerle un cumplido genuino. En lugar de pensar en todas las formas en que puedes presumir, escucha realmente lo que están diciendo y responde de una manera reflexiva. Trate también de descubrir sus intereses comunes.

4. No seas alguien que no eres.

La gente tímida nunca debe olvidar este hecho. En la búsqueda de mejores habilidades de conversación, puede ser fácil sentir que estás tratando de ser otra persona, pero es importante recordar que no es así en absoluto. No se trata de darte a ti mismo cualidades que no tienes, se trata de desarrollar suficiente confianza para compartir las cualidades que posees con otras personas. Las personas tímidas nunca deben sentir la necesidad de fingir que son extrovertidas o gregarias. Se trata de acostumbrarse a incluir tus grandes cualidades y experiencias interesantes en una conversación más amplia.

Hay muchas maneras en que la gente finge ser alguien que no es. A veces esto se manifiesta en historias falsas y mentiras, y a veces incluso en personas falsas y comportamientos forzados. Si te encuentras haciendo esto, tu intento de socializar será contraproducente. Las personas falsas atraen a otras personas falsas, y esto repelerá las conexiones significativas.

5. Reconozca que tiene algo que aportar

Todos hemos vivido vidas únicas y necesitamos reconocer que hay algo en todos nosotros que nos hace interesantes. Nadie ha vivido exactamente la misma vida que tú. Usted puede compartir la misma ciudad natal, los mismos padres, o incluso un trauma similar a alguien más, pero nadie posee la misma combinación de educación, experiencias y opciones que usted. Esto significa que eres único y que tienes algo que aportar que nadie ha escuchado antes. Necesitas reconocer que tienes ideas valiosas. Puede que te sientas tímido o reservado, pero considera el hecho de que otras personas en la conversación podrían beneficiarse de escuchar tu punto de vista.

6. Comprender que no todo el mundo es tan seguro de sí mismo como parece.

Usted no está solo. Es muy probable que incluso la persona con la que está hablando esté luchando contra sus impulsos de fumar. Aunque ciertamente hay muchas personas extrovertidas y socialmente cómodas por ahí, la mayoría de las personas se identifican como introvertidas. Incluso los individuos más exitosos como Mark Zuckerberg y Steven Spielberg son conocidos por tener tendencias tímidas y ansiosas. Sin embargo, nunca lo adivinarías con el número de apariciones públicas que ambos han hecho y, lo que es más importante, con la confianza que se han encontrado. Sepa que usted también puede parecer tan seguro de sí mismo, incluso si no se siente así en el fondo.

Capítulo 3 - Encendiendo Interacciones Excepcionales

Has superado las primeras impresiones y las has convertido en una conversación completa. ¿Y ahora qué? En este punto, muchas personas se encuentran sin palabras, inseguras de qué decir exactamente a continuación. Ya les has preguntado cómo han estado, qué han hecho durante el verano, y les has dicho lo genial que es su ropa. Ahora, te miran expectantes y no tienes idea de cómo llenar el silencio.

Todos anhelamos discusiones comprometidas y un vínculo genuino, pero cuando uno se encuentra en ese silencio, puede sentirse imposible. ¿Cómo podemos hacer que lo que decimos signifique algo? ¿Qué podemos hacer para separarnos de los saludos de los tambores y de los "cómo estás"? ¿Cómo podemos ser conversadores interesantes?

Temas de conversación y consejos para cada escenario posible

Dependiendo de las circunstancias exactas, ciertos temas pueden ser más o menos apropiados para la ocasión. Sin embargo, hay una gran cantidad de temas que pueden encender una discusión fascinante, sin importar el contexto.

Para que la entrega sea más exitosa, se aconseja trabajar en nuevos temas de la manera más natural posible, en lugar de simplemente responder a una pregunta. Para obtener los mejores resultados, trate de incluir una historia u observación interesante que sea relevante para el tema.

Amigos

Deberíamos sentirnos cómodos con nuestros amigos, pero hay muchos escenarios en los que podríamos no estarlo. Por ejemplo, con nuevos amigos. O quizás, si estás hablando cara a cara con un amigo que normalmente ves con un grupo. Las dinámicas también cambian dependiendo de cuánta gente esté involucrada, y es prudente ajustar los métodos de comunicación al contexto exacto.

Con los grupos, es una buena idea hacer preguntas que den a todos la oportunidad de contribuir y compartir. Hacer preguntas demasiado personales en un grupo puede hacer que alguien se sienta en el punto de mira, y es probable que todo el grupo no quiera detenerse a escuchar la historia de una persona durante mucho tiempo. Mantenga las preguntas, en estos escenarios, abiertas a todos.

Por otro lado, cuando estás en una charla individual, la conversación puede ser muy atractiva si les haces preguntas que normalmente no harías. Echa un vistazo a estos ejemplos para ver algunas ideas:

<u>Nuevos amigos</u>

- ¿Hace cuánto que se conocen y cómo se conocieron?
- ¿Qué opina todo el mundo sobre el último episodio de [insertar programa de televisión aquí]?
- ¿Qué hicieron el fin de semana pasado?
- ¿Alguien tiene alguna historia graciosa de malas citas?
- ¿Qué es lo que todos están comiendo en Netflix en este momento?
- ¿Qué es lo más loco que has visto en las noticias últimamente?
- ¿Alguien aquí ha conocido alguna vez a una celebridad? Si es así, ¿qué pasó?

Habilidades Sociales

- ¿Cuál es el mayor problema en el que te has metido?
- Si la historia de tu vida se convirtiera en una película y este momento se convirtiera en una escena, ¿quién te interpretaría y a quién elegirías para interpretar a los demás?
- ¿Cómo dirías que has cambiado desde el instituto?

<u>Conversaciones uno a uno</u>

- ¿Cómo va el trabajo?
- ¿Estás saliendo con alguien estos días?
- ¿Qué piensas de la nueva novia/novio de [amigo en común al azar]?
- ¿Con qué frecuencia ve a su familia?
- ¿Qué es lo más vergonzoso que te ha pasado?
- ¿Te consideras introvertido o extrovertido?
- ¿Cuántas relaciones has tenido y cuál te ha dado más forma?
- ¿Cuál es la peor experiencia sexual que has tenido?
- ¿Cuáles son algunas de las metas que usted está tratando de alcanzar actualmente?
- ¿Alguna vez te has metido en una pelea física?
- ¿Qué culturas del mundo le fascinan más?

Conocidos del trabajo

Habrá una gama de niveles de intimidad con los conocidos del trabajo. Algunos pueden ser muy cómodos con usted mientras que otros se sienten distantes. Independientemente de lo bien que se lleven, siempre es mejor mantener conversaciones con los colegas de una manera profesional. Esto no significa que todas las charlas deban ser rígidas y formales, simplemente significa que deben permanecer dentro de un estrecho campo de temas. Con la excepción de raras circunstancias, las preguntas que son personales no se considerarán apropiadas.

- Si no tuvieras este trabajo, ¿qué estarías haciendo en su lugar?
- ¿Qué te gusta hacer los fines de semana?
- ¿Cómo se recarga después de una larga jornada laboral?
- ¿Tiene algún truco para pasar un día de trabajo estresante?
- ¿Cuál es el trabajo más raro que has tenido?
- ¿Alguna vez has estado enamorada de un compañero de trabajo?
- Si pudieras almorzar con alguien en el mundo, ¿quién sería?

Familia

A diferencia de nuestros amigos y parejas románticas, nosotros no elegimos a nuestra familia. Y el ADN compartido no siempre significa intereses compartidos. No es raro que el tiempo en familia sea incómodo. Ya sea con tu familia o con la familia de otra persona con la que pasas el tiempo, una cosa es segura: los temas familiares son siempre bienvenidos. Un buen punto de partida para iniciar una conversación es preguntar sobre una historia familiar específica, o preguntarles sobre su vida familiar anterior. Esto puede desencadenar una historia fascinante y el miembro de la familia elegido se sentirá conmovido por su curiosidad.

<u>Su familia</u>

- ¿Tenemos alguna reliquia familiar preciosa?
- ¿Cuál es nuestra ascendencia?
- ¿Cuál era su pasatiempo favorito cuando era niño?
- ¿Tenemos algún secreto de familia interesante que yo no sepa?
- ¿Estamos emparentados con alguien famoso?
- ¿A quién crees que me parezco más en nuestra familia?
- ¿Cuáles son algunos rasgos familiares dominantes?

- ¿Cuál es el momento más incómodo que has visto en una reunión familiar?
- ¿Cuál fue el primer trabajo que tuviste?
- ¿Cuáles son algunas de las mayores maneras en que el mundo ha cambiado desde que eras más joven?
- ¿Cómo era [miembro de la familia al azar] cuando era más joven?
- ¿Cómo se conocieron [los miembros de la familia casados]? (también siéntase libre de hacer esta pregunta directamente a los sujetos)

Romántico

Hay un poco más de espacio cuando se trata de conversaciones con un interés romántico. Esto se debe a que ambas partes a menudo están tratando activamente de conocerse, por lo que las preguntas que normalmente parecerían fuera de lugar no son tan inusuales. Por ejemplo, si usted está hablando con un conocido regular y le pregunta: "¿Cuánto tiempo duró su relación más larga? Pero en una cita con un interés romántico, se espera que nos conozcamos. Después de todo, usted está tratando de probar cuán compatible es.

- ¿Cuáles son sus placeres culposos?
- ¿Estás cerca de tu familia?
- ¿Te pareces más a tu madre o a tu padre?
- ¿Cómo eras cuando eras adolescente?
- ¿Cuánto duró su relación más larga?
- ¿Cómo crees que has cambiado en los últimos 10 años?
- ¿Cuál es tu lenguaje amoroso?
- ¿Prefieres noches divertidas o noches acogedoras?
- Si pudieras establecerte en cualquier país del mundo, ¿cuál elegirías?
- ¿Qué es una película, canción o libro que realmente ha dado forma a la forma en que ves el mundo?

- ¿Cuál es tu hábito más raro o interesante?
- ¿Cuál es tu forma favorita de experimentar la naturaleza?
- ¿Cuál es el trabajo de tus sueños?
- ¿Quiénes son tus mejores amigos y por qué?
- ¿Te consideras introvertido o extrovertido?
- ¿Cuál fue el aspecto más desafiante de su infancia?
- ¿Qué tan cómodo se siente con las demostraciones públicas de afecto?
- ¿Qué consideraría usted como un rompe-contrato en una relación o un socio potencial?

Los peores errores que puede cometer en una conversación

Una vez que empezamos a hablar activamente con alguien, hay muchas razones por las que la interacción podría caer de bruces. No siempre es por la razón que crees y las posibilidades son, aunque creas que eres socialmente adicto, que estás cometiendo al menos uno de estos errores.

1. Hablar demasiado de ti mismo

Si te ves como un narcisista, puedes decir adiós a una conexión humana genuina. Aunque a la gente le guste aprender sobre ti, no debes esperar que escuchen largas historias sobre tu vida sin pedir las suyas a cambio. Se necesitan dos para formar una conexión, y si no hay espacio para otra persona en la conversación, ¿cuál es el punto? Si usted se da cuenta de que está cambiando continuamente el tema de usted y su vida, deténgase y pregúntele a su interlocutor algo sobre su vida. Escuche atentamente mientras cuentan su historia, y no responda con algo sobre usted cada vez. En cambio, trate de reconocer lo que han dicho y extienda la comprensión o una observación.

2. Actuar como un sabelotodo

Debido a nuestra necesidad de expansión, nos gusta estar rodeados de gente inteligente. Sin embargo, no nos gusta estar cerca de sabelotodo. Usted se estará preguntando cuál es la diferencia, y la respuesta es simple: los sabelotodo son personas inteligentes que constantemente sienten la necesidad de demostrar que son inteligentes. ¿Vas por largas tangentes, explicando ideas complejas u oscuras a personas a las que no les importa y que no pidieron una explicación? ¿Se esfuerza por demostrar su amplitud de conocimientos porque quiere que se le reconozca? Podrías ser un sabelotodo. Esta puede ser otra forma de narcisismo, pero ocasionalmente puede significar una falta de autoestima. Los sabelotodo son a veces tan inseguros que se aferran al único rasgo del que se sienten seguros, su inteligencia. Si esto le suena conocido resista la tentación de demostrar lo inteligente que es todo el tiempo. Esto sólo alejará a la gente. Después de todo, si estás actuando por encima de ellos, ¿cómo pueden formar una conexión contigo?

3. Ser pedante

La pedantería a veces puede significar un sabelotodo, pero no todo el tiempo. Incluso las personas poco inteligentes pueden ser pedantes. ¿Qué significa ser pedante? Alguien que se preocupa demasiado por los detalles y las reglas sin importancia. Se esforzarán por corregir a la gente sobre hechos triviales, aunque no tengan relación con la conversación.

Digamos que le estás contando a un nuevo conocido sobre algo divertido que te pasó a ti y a tu amiga, Rhonda, que también está presente.

"Estábamos en un restaurante en la 3ª y Geary Street," comienzas a decir, "Y una mujer me pidió un autógrafo. Resulta que me confundió con una celebridad".

Tú y tu nuevo conocido se ríen, pero Rhonda dice: "En realidad, el restaurante estaba en la 3ra. y Brady, no en Geary". En este escenario, Rhonda está siendo pedante. Este detalle no es importante para la historia, pero ella tuvo que intervenir de todos modos. Después de este comentario, es probable que haya una pausa incómoda en la conversación. No interrumpas el buen humor por un detalle insignificante. Evite el impulso de corregir a las personas si no hay ninguna diferencia en la conversación. ¡Déjalo ir!

4. Sobrecompartir

Todos queremos formar una conexión emocional. Las amistades o relaciones íntimas pueden ser un gran catalizador para esto. Sin embargo, cuando usted comparte información que es demasiado personal con alguien que no es cercano a usted, esto se llama sobrecompartir. Volvamos a la socialmente torpe Rhonda otra vez. Se va a encontrar con un nuevo amigo por primera vez y están almorzando casualmente en la ciudad. Se da cuenta de que es lunes 3, y de repente recuerda que sus padres se divorciaron el lunes 3 hace muchos años. Comienza a contarle a su nueva amiga todo sobre el trauma que sufrió cuando sus padres se divorciaron.

El nuevo amigo acaba de recibir una sobrecompartición. Rhonda no conoce tan bien a su nueva amiga y ya ha empezado a compartir algo muy personal. Esto pone a la otra parte en un lugar incómodo porque todavía están llegando a conocerte, pero ahora sienten que necesitan consolarte. Guarde sus historias personales para cuando conozca a una persona razonablemente bien.

5. Ser pretencioso

La pretensión es muy común, y todos somos culpables de ello a veces. Podemos ser pretenciosos por muchas razones. Tal vez, queremos parecer más cultos, más populares, o simplemente más interesantes en general. Un sabelotodo también puede ser clasificado como pretencioso si su intención es impresionar a alguien. Una persona pretenciosa tiende a disfrutar presumiendo y exagerando algún aspecto de sí misma. Es posible que quieran impresionar a la gente demostrando que han leído libros oscuros que la mayoría de la gente no entiende, o que constantemente están quitando nombres a personas famosas que han conocido para que parezcan más influyentes. Sea lo que sea que intenten demostrar, a nadie le gustan las personas pretenciosas. Esto se debe a que la gente pretenciosa está jugando un juego, y otros pueden sentirlo. Ya que la gente responde más positivamente a la honestidad y la sinceridad, la pretensión puede arruinar tus posibilidades de conseguir que le caigas bien a alguien.

6. No prestar atención

Todos hemos conocido a alguien así. A veces son narcisistas que no pueden dejar de hablar de sí mismos, pero otras veces pueden parecer desinteresados y distraídos. Sin importar cómo se manifieste, todos hemos tenido una conversación con alguien que no parece estar escuchando lo que estamos diciendo. Parece como si sólo estuvieran esperando su oportunidad de responder. No escuchar a nuestro compañero de conversación es un gran error social. La otra persona siempre puede darse cuenta y aunque no lo muestre, es probable que les moleste.

7. Predicar y dar conferencias

Tendemos a asociar este tipo de comportamiento con nuestros padres o maestros - si no quieres que tus nuevos amigos piensen que eres una presencia molesta y molesta, entonces mantente alejado de todas las formas de predicar y sermonear. Las personas que juzgan pueden ser propensas a este tipo de comportamiento, pero otras veces puede ser el resultado de un intento de ayuda que salió mal. Ocurre cuando una de las partes siente que conoce el mejor curso de acción sobre un tema en particular, y en lugar de hablar con sus pares sobre el mismo, terminan hablando *con* ellos. Alguien que se involucra en este comportamiento constantemente tratará de decirle a la gente lo que `debería' hacer, y deambular de la misma manera que lo hacen los padres.

Si no está de acuerdo con algo que hizo un conocido o amigo, trate de hacer preguntas para incitar a la reflexión. O quizás comparta una experiencia similar de la que haya tenido u oído hablar, y explique cuáles fueron las consecuencias. Haga esto de una manera gentil y compasiva. Hay muchas maneras de hacer una sugerencia sin predicar.

8. Ser fácil de ofender

Los tiempos modernos han abierto muchas conversaciones importantes sobre la forma en que nos tratamos los unos a los otros. Sin embargo, algunas personas han ido demasiado lejos. Insisten en ofenderse incluso por cosas menores y se esfuerzan por culpar a cualquiera. Si está claro que no había intención de hacer daño, relájese y déjelo ir. Si alguien dice algo ignorante por falta de conocimiento en lugar de grosería, ilumínelo suavemente y luego siga adelante. Las personas que se ofenden o se molestan fácilmente hacen que los demás se sientan como si estuvieran caminando sobre cáscaras de huevo. ¿Y adivina qué? Nadie quiere hablar con una persona que le hace sentir así.

9. Hablar mal de los demás

Es un truco barato para tratar de relacionarse con alguien. No sabes de qué más hablar, así que tratas de conectarte con alguien por la aversión mutua hacia los demás. A veces hasta puede ser una forma al revés de felicitar a la persona con la que estás hablando. Por ejemplo, "¡Tienes una casa tan bonita! ¿Has estado en la casa de Jessica? Su decoración es *de* mal gusto. Y la casa de Kate es un desastre total. Definitivamente tienes la casa más bonita de todas." Desafortunadamente, esto funciona en algunas personas, pero este comportamiento se asocia comúnmente con los adolescentes y la política de la escuela secundaria. Los amigos que asumen esta dinámica animan las peores partes de la personalidad de cada uno.

Si estás buscando crear una conexión saludable que realmente enriquezca tu vida, no te aconsejamos que hables mal de otras personas. Los individuos maduros, seguros y emocionalmente estables serán rechazados inmediatamente por tal comportamiento. Si estás dispuesto a hablar así de otras personas que conoces, poco te impide hablar así de ellas.

Ideas para evitar conversaciones aburridas

Empecemos con una dura verdad: algunas conversaciones aburridas no se pueden evitar. ¿Por qué? Porque se necesita más de una persona para hacerlo interesante. Puedes decir todas las cosas correctas y sacar las técnicas más efectivas, pero si la otra persona es obstinada y cerrada, entonces no puedes controlar su comportamiento.

La buena noticia es que estos casos son una rareza. La mayoría de las personas tímidas y serias pueden ser sacadas de su caparazón con la persuasión correcta. La verdad es que todo el mundo tiene un lado humorístico, interesante o inusual - sólo tienes que averiguar cómo acceder a él.

1. Comparta una historia vergonzosa o inusual

Las conversaciones se vuelven aburridas cuando nadie se arriesga. Nadie está compartiendo nada nuevo, sólo están diciendo lo que sienten que deben decir. Sin embargo, cuando alguien comparte un pensamiento, sentimiento u observación genuinos, notará que su mente se despierta. Estamos conectados para encontrar la verdad y la honestidad interesante, porque es algo con lo que todos podemos conectarnos. Envía una señal de que podemos ser nosotros mismos. Si quieres abrir a un nuevo conocido y hacer que exponga un lado de su personalidad que no muestra a nadie, debes crear un ambiente seguro para él. Una buena manera de poner las cosas en marcha es compartir una historia propia. Si te hace parecer un poco vulnerable, ellos estarán mucho más comprometidos y probablemente compartirán algo similar contigo.

2. Identificar las pasiones y preguntar sobre ellas

No hay que pensarlo: a todo el mundo le encanta hablar de lo que le apasiona. Escuche lo que la gente dice que disfruta y pídales más detalles una vez que sepa lo que es. Este puede ser el trabajo de alguien, pero no siempre, ya que mucha gente no disfruta realmente de su trabajo. Para averiguar cuáles podrían ser estas pasiones, preste atención a lo que la gente dice que hacía los fines de semana o no sea tímido, ¡sólo pregúnteles cuáles son sus pasatiempos favoritos!

3. Haga una pregunta abierta

Usted está completamente dentro del poder de redirigir el curso de una conversación si así lo desea. Una buena manera de hacer esto es haciendo preguntas. Sin embargo, manténgase alejado de las preguntas de "sí" o "no", ya que esto le dará a la gente la oportunidad de dar una respuesta corta. Una pregunta abierta les obligará a elaborar y llevar su respuesta a un lugar más interesante. Como tendrán que pensar más en su respuesta, estarán más involucrados en la conversación. En lugar de la pregunta "¿Disfrutas de tu nuevo trabajo?", intenta preguntar "¿Cómo es tu nuevo trabajo y qué disfrutas de él?" Si todo lo demás falla, pida su opinión honesta sobre algo.

4. Responder de manera genuina y elaborada

Ya hemos establecido que la gente responde a la honestidad. Es por eso por lo que siempre debes responder a la gente de manera genuina y sin pretensiones. Tenga en cuenta que esto es diferente a ser brutalmente honesto, donde podemos compartir una verdad inapropiada o dañina. Ser genuino simplemente significa que no estamos tratando de ser alguien que no somos. Cuando hablamos en forma elaborada, le damos a la otra persona más a quien responder.

5. Abraza tu lado tonto

En otras palabras, contar un chiste de vez en cuando. Ponga un poco de humor en su forma de hablar. Sólo manténgalo apropiado y maduro, evitando todo el humor que degrada a otra persona. La tontería no sólo significa caras tontas o bromas (¡evita esto a menos que estés con buenos amigos!), sino que significa infundir un sentido de lo ridículo en tu conversación.

6. Alégrate

Todos queremos evitar conversaciones aburridas, pero escucha, no te estreses. Lo más probable es que tus compañeros de conversación sepan cuándo te estás esforzando al máximo. Puede incluso manifestarse en una seriedad excesiva o en una intensidad excesiva que puede desanimar a la gente. Parte del truco es tomárselo con calma y divertirse. Alégrate. Mantenga todos estos consejos en mente, pero sea natural y exuda positividad, no importa cómo se desarrolle la conversación.

Tres reglas generales para iniciar una conversación interesante

1. Plantee algo que *le* parezca interesante

Una forma en que tendemos a sabotear una conversación es sacando a relucir sólo los temas que se supone que debemos sacar a relucir. Nos ceñimos a temas seguros porque creemos que eso es lo que se espera de nosotros. Desafortunadamente, esta es una fórmula bastante común para una conversación aburrida - y ¿por qué esperarías algo más que eso? Después de todo, ni siquiera a ti te importan estos temas, ¿verdad? Para que una conversación sea realmente interesante, plantea un tema que te fascine. Hay una buena posibilidad de que si lo encuentras atractivo, la otra persona también lo hará.

2. Profundizar los temas de conversación con el tiempo

Es completamente normal empezar con un tema desenfadado. Todos tenemos que entrar con calma. Sin embargo, siempre podemos hacer que nuestras conversaciones sean más interesantes si las llevamos a un nivel más profundo. Y no tengas miedo de la palabra "profundo". Esto no significa que necesites hablar de existencialismo o de una angustia traumática. Sólo significa que necesitas llegar al núcleo del tema y hacer que sea completamente identificable.

Por ejemplo, digamos que dos personas empiezan hablando de sus gatos y de todos los hábitos divertidos y adorables que tienen sus pequeños amigos felinos. Si se limitan a este aspecto de sus gatos, finalmente se quedarán sin cosas que decir. Para mantener las cosas interesantes, necesitan llevar el tema a nuevas profundidades. Deberán contar las historias de cómo encontraron a sus gatos, completas con las emociones de todo ello, y deberían discutir cómo es que sus gatos aportan tanto a sus vidas. Podrían considerar preguntas interesantes sobre las relaciones entre mascotas y propietarios, o sobre los beneficios únicos que un gato aporta y un perro no. Profundizar un tema crea un vínculo. Inténtalo en tu próxima conversación.

3. Sea lo más específico posible

Hablar en términos vagos y generales es una manera segura de aburrir y frustrar a su interlocutor. Si alguien te pregunta qué te gusta hacer los fines de semana, no digas: "Me gusta salir con amigos". Dé una respuesta más completa. Cuando ofrecemos generalidades, esto no da a nuestros compañeros de conversación ningún material al que responder. Esto puede resultar en incomodidad o en conversaciones tensas. También envía el mensaje de que no estás muy entusiasmado con la conversación en cuestión.

En lugar de la afirmación anterior, diga algo más detallado como: "Me gusta salir con amigos. Disfrutamos de ir de excursión a clubes nocturnos los fines de semana y cuando eso es demasiado, nos gusta hacer viajes por carretera a la naturaleza". La declaración modificada abre dos nuevas puertas: los clubes nocturnos y la naturaleza. Siempre trate de abrir nuevas puertas con sus respuestas. Facilita las cosas a tus nuevos conocidos!

Capítulo 4 - Cultivando el Carisma y el Magnetismo

Una cosa es tener conversaciones placenteras de vez en cuando, pero ¿qué pasa si quieres más que eso? Algunos de nosotros estamos bendecidos con carisma y magnetismo. Esto significa que usted no tiene que perseguir interacciones y personas interesantes, sino que parece que lo encuentran a usted. Una pequeña parte de la gente es dotada y naturalmente magnética, pero el resto de nosotros no debemos perder la esperanza. Como la mayoría de las cosas en la vida, no es necesario tener talento para ser bueno en algo. Sólo necesitas la autoconciencia, el conocimiento y la práctica.

Todos hemos conocido a alguien con carisma y magnetismo. La gente se siente atraída hacia ellos como polillas a la luz, simplemente porque su presencia es energizante y agradable. Los individuos magnéticos llevan las habilidades de comunicación a un nuevo nivel. Saben qué reglas deben seguirse estrictamente, cuáles deben romperse y cuáles son excepciones en determinadas circunstancias.

A los individuos magnéticos les resulta más fácil que a la mayoría lograr el éxito profesional, a los grandes grupos de amigos y a una amplia variedad de opciones románticas. El desarrollo de estas cualidades no es tarea fácil, pero se puede hacer. Primero, sin embargo, usted necesita saber los secretos.

Los Trece Secretos para Desarrollar una Personalidad Magnética

1. **Cultivar la autosuficiencia emocional**

Podría decirse que una de las cualidades más poderosas para desarrollar, la autosuficiencia emocional es una de las principales fuerzas impulsoras detrás de los individuos magnéticos. En pocas palabras, significa la capacidad de monitorear sus propias emociones y necesidades, y entender exactamente cómo satisfacerlas sin ayuda externa. No hay dependencia de que otras personas se ocupen de sus necesidades porque ellos mismos saben cómo hacerlo. Ellos han dominado la enseñanza de 'No puedes controlar las acciones de otras personas, sólo tus reacciones' y viven de cerca por ello. Se centran en lo que pueden controlar y nada más. Otras personas se sienten atraídas por esta cualidad porque hace que una persona parezca estable, segura e inteligente. Tendemos a confiar en alguien que tiene control sobre sus emociones, ya que da la impresión de madurez.

2. Su presencia debe dar tanto como sea necesario

Una personalidad verdaderamente magnética no opera desde una filosofía de "yo, yo, yo, yo". De hecho, se aseguran de que otras personas en la conversación obtengan algo que también necesitan. A veces es empatía, aliento, honestidad gentil o incluso reconocimiento. No tienen miedo de felicitar a los demás, y cuando lo hacen, viene de un lugar genuino, en lugar de simplemente querer sumar puntos. Pueden compartir historias interesantes sobre sí mismos, pero más que esto, sienten curiosidad por otras personas, hacen preguntas y comparten comentarios que son útiles y auténticos. Cuando la gente se beneficia de una interacción con usted, ya sea mental o emocionalmente, es mucho más probable que busquen su compañía de nuevo.

3. Aprender a equilibrar la inteligencia, el humor y la amabilidad

Estas tres cualidades son algunas de las más difíciles de aprender, pero cuando se usan en conjunto, pueden ser irresistibles. La inteligencia nos permite acceder a una gran cantidad de datos, el humor los hace divertidos y la amabilidad crea el vínculo. Las personas con un fuerte magnetismo utilizan esta trifecta para su beneficio y con ella encantan a la gente instantáneamente.

4. No tenga miedo de la vulnerabilidad

Mucha gente comete el error de parecer demasiado dura e impermeable. Contrariamente a la creencia popular, esta no es una buena manera de atraer conexiones interesantes. Aunque puede impresionar temporalmente o incluso intimidar a la gente, no hará que nadie anhele su compañía. Esto se debe a que el machismo o la dureza es un pretexto, y sólo atraerá a la gente que pone el mismo pretexto. Las personas magnéticas no tienen miedo de ser vulnerables. Si es relevante y apropiado, no tienen ningún problema en compartir un comentario sincero o permitir que alguien vea sus verdaderos sentimientos. Lo hacen de una manera que no busca llamar la atención o compartir en exceso. La gente se siente atraída por esto porque estamos comprometidos con la sinceridad.

5. Aprende a leer a la gente como un libro

Se necesita más de una persona para crear una interacción social exitosa. Es por eso por lo que un gran comunicador no sólo se enfoca en su propio comportamiento, sino que también nota cómo se comportan los demás. Son maestros en la lectura e interpretación de señales para determinar el estado de ánimo de cualquier persona a su alrededor. Esta habilidad es importante porque el estado de ánimo de una persona puede cambiar constantemente, y moldeará la manera en que percibe el mundo. Esto significa que una táctica de persuasión que funciona en la Persona A feliz podría no funcionar en la

Persona B ansiosa. Usando lo que obtienen de la observación, las personas magnéticas son capaces de ajustar sus tácticas y comportamiento para obtener cualquier respuesta deseada de cualquiera.

6. Deja de dar publicidad a todo

Las personas magnéticas valoran mucho la privacidad, e incluso es posible que descubras que algunas de ellas tienen un aire de misterio. No trate de volverse intencionalmente misterioso, ya que esto puede ser contraproducente. En cambio, aprende a considerar sagrados ciertos recuerdos y experiencias. Aprende a ver el valor de la privacidad y deja de publicar todo sobre tu vida. Comparta asuntos profundamente personales con unos pocos selectos y resista las tendencias de hablar. Alguien que comparte incesantemente sus datos personales se presenta como demasiado emocional y sin control. Estas son cualidades que tienden a repeler a la gente en lugar de atraerla.

7. Aprender a adaptarse

Esta valiosa habilidad sólo se puede aprender a través de la experiencia y el ensayo y error. Sin embargo, una vez ganado, te llevará lejos. Los individuos magnéticos pueden adaptarse a una variedad de escenarios diferentes y pueden llevarse bien con muchos tipos de personas. Hombres, mujeres, jóvenes, viejos e incluso gente de otras culturas. Pueden captar el ritmo y el estilo de comunicación de su compañero de conversación, el tipo de historias que valoran, y pueden ajustar su comportamiento en consecuencia. Al final del día, saben que quienquiera que sea, siempre se puede conectar con los aspectos de la humanidad que todos tenemos en común.

8. Aprovecha al máximo lo que te hace diferente

Aunque hay ciertos códigos sociales que son absolutamente necesarios, los individuos magnéticos no se preocupan por la conformidad total. Siempre y cuando estén bien vestidos y apropiadamente, no ven ninguna razón por la que deban usar exactamente el mismo estilo que los demás. Siempre y cuando sean educados y considerados, ¿por qué deberían seguir con los mismos temas de conversación que todos los demás están discutiendo? Las personas magnéticas no saldrán de su camino para sobresalir de una multitud, sino que abrazarán sus excentricidades y tendencias naturales.

9. Deja de sentirte avergonzado por cada paso en falso.

Hay ciertas situaciones en las que la vergüenza y la vergüenza son merecidas. Por ejemplo, si algo malo que hemos dicho o algo poco ético que hemos hecho es expuesto, entonces debemos sentir vergüenza por esas acciones. Pero si no se ha hecho ningún daño o intención, una persona magnética rechaza los sentimientos de vergüenza. Por qué? Porque, al final del día, sólo nosotros podemos avergonzarnos a nosotros mismos.

Tal vez, apareciste en una fiesta y llevas exactamente el mismo traje que otra persona. Considere estas dos formas opuestas de reaccionar ante este escenario:

- Te hundes en el sillón más cercano y esperas que nadie se fije en ti. Inmediatamente empiezas a decirle a tu amigo: "¡No puedo creerlo! Necesito irme o encontrar un nuevo traje." Mientras usted habla, usted y su amigo continúan mirando a esta persona y se dan cuenta. Tu cara se pone roja y todo en tu lenguaje corporal dice que no quieres que te vean. Los asistentes a la otra fiesta notan que la ropa es similar, y como usted se siente avergonzado, ellos se sienten avergonzados por usted.

Afecta sus interacciones por el resto de la noche, ya que las personas se desconectan por su comportamiento incómodo.

- Usted nota a la persona con la misma ropa y no puede evitar ver la diversión en la situación. ¿Cuáles son las probabilidades? Te acercas a la otra persona y le dices en broma: "¿Puedo decir que tienes un fantástico sentido del estilo?" Ambos se ríen, y también la gente a su alrededor. Ya no se trata de una situación incómoda, porque ustedes la han tomado a la ligera. Los asistentes a la fiesta te respetan por ser capaz de reírte de ti mismo. Como todo el mundo ha visto el gran sentido del humor que tienes, la gente quiere conversar y bromear contigo el resto de la noche. Después de un tiempo, nadie piensa en la ropa similar.

La moraleja de la historia es: la única diferencia entre la gente que se ríe *de* ti y la *que* se ríe contigo, es que tú no te ríes tan bien. Si eliges ver el humor en tus momentos vergonzosos, nunca podrás ser humillado.

Vean lo absurdo en cada situación y siempre sigan divirtiéndose. Pregúntese:"¿Qué diferencia hay en el gran plan de mi vida?" La respuesta es probable, "No hay ninguna diferencia".

10. Date cuenta de que hay algo que aprender de todos

No existe la gente aburrida de verdad. Todo el mundo es interesante si llegas a conocerlos, y todos tienen algo que aportar. La gente magnética reconoce esto. En una nueva multitud, se mantienen conscientes de las cualidades únicas y

Habilidades Sociales

positivas de cada uno y aprenden de ellos, cuando es posible. Presta atención a lo que hace que tus conocidos sean diferentes y úsalo para afinar lo que podrías aprender de ellos. Puede ser cualquier cosa, desde una estrategia de negociación eficaz o una sensibilidad cómica hasta historias únicas sobre una cultura lejana o una industria compleja de la que no sabes nada. Manténgase abierto al aprendizaje y permita que otros le enseñen.

11. **No tengas miedo de decir que no sabes**

Cuando nos encontramos con un tema que no entendemos, muchos sienten la necesidad de fingir que saben más que ellos. Esto puede ser suficiente para encuentros rápidos cuando no hay mucho tiempo para charlar, pero el resto de las veces, uno nunca debería avergonzarse de decir: "Eso es interesante, nunca lo supe".

Digamos que estás hablando largo y tendido con alguien que empieza a sacar a relucir la economía, es posible que este sea un tema del que no sepas mucho. Tenga la confianza de decir: "Esto suena fascinante. Cuéntame más sobre cómo funciona". Incluso puedes usar esta oportunidad para felicitar y conocer a alguien. Podrías decir: "Ojalá supiera más sobre esto, pero nunca me tomé el tiempo de aprender. ¿Cómo te volviste tan culto?" Tendemos a confiar en las personas que son abiertas sobre sus defectos, ya que les hace parecer humildes, conscientes de sí mismos y cómodos con lo que son. Nos permite bajar la guardia. Además, cuando damos a alguien la oportunidad de sentir que puede enseñarnos algo, se siente significativo e interesante.

12. **No le prestes atención a alguien que no te respeta.**

Hemos establecido que las personas magnéticas son inteligentes y empáticas, pero una cualidad necesaria es también el respeto por sí mismas. Usted puede ser amable, elogioso, y hacer todo lo posible para llegar a conocer a alguien, pero si empiezan a comportarse groseramente, usted debe dejar esa interacción social como una patata caliente. Si permites que alguien te falte el respeto, entonces otras personas se darán cuenta de que pueden salirse con la suya. Esto envía una señal de que usted no se respeta a sí mismo y que soportará el abuso. Distíngase de cualquiera que le falte el respeto y si no puede, entonces es hora de repasar su regreso con clase.

13. Construir una gran red de conexiones diversas

Puede ser tentador conectar o hacer amistad sólo con personas de su industria laboral, pero esta no es la manera de una persona magnética. Incluya a un rango diverso de personas en su círculo social. Ábrase a individuos de otras culturas, géneros, orientaciones sexuales, religiones, industrias laborales y más. No sólo puede ser gratificante tener un grupo grande de amigos, sino que también te encontrarás con un grupo multifacético y bien conectado.

Todo lo que necesitas saber sobre la trifecta del encanto

La trifecta del encanto consiste en inteligencia, humor y empatía. Cuando se combina de la manera correcta, esta formidable combinación de cualidades puede encantar a casi todo el mundo. En algunos casos, puede incluso anular su apariencia física, haciéndolo parecer atractivo aunque no lo sea convencionalmente. Aunque la mayoría de las personas encarnan al menos uno de estos rasgos, deben trabajar juntas para producir los mejores resultados.

En una conversación, la inteligencia por sí sola hace que uno parezca rígido e inaccesible, mientras que alguien dotado sólo de humor saldrá demasiado infantil y tonto. La empatía es un rasgo valioso, pero sin inteligencia ni humor crea un individuo que es demasiado blando y emocional. La trifecta de encanto utiliza los tres a la vez y en igual medida.

Desafortunadamente, estas cualidades son también algunas de las más difíciles de enseñar. Para desarrollarlos, los individuos deben trabajar duro en la asimilación de nuevos hábitos en su personalidad, y deben participar en una cantidad significativa de estudios. Puede ser necesario realizar algunas pruebas y errores, y el estilo personal variará con cada persona. Sin embargo, es absolutamente posible que alguien que obtiene una puntuación baja en los tres puntos añada la trifecta de encanto a su arsenal social. Sólo necesitan seguir estos consejos:

- **Inteligencia**

La inteligencia puede ser descrita de varias maneras diferentes, pero en su esencia, está compuesta de varias funciones básicas. La resolución de problemas, el razonamiento, la lógica y el pensamiento crítico son algunos de los más notables. Muchos creen que eres inteligente o no lo eres, pero esto ha demostrado estar muy lejos de la verdad. La inteligencia siempre se puede desarrollar, incluso en adultos. Sólo requiere que las personas se desafíen a sí mismas, exploren temas desconocidos y traten de asimilarlos a su comprensión del mundo.

Usted se estará preguntando por qué la inteligencia es importante en una conversación. En pocas palabras, es más fácil para las personas inteligentes conectar los puntos y ampliar cualquier tema que se les presente. Son fuentes de información interesante y la gente tiende a querer a alguien de quien puede aprender, siempre y cuando la persona no sea condescendiente o esté secuestrando la conversación.

Para mejorar tu inteligencia, asegúrate de hacerlo:

1. **Expande tu mente de una manera que disfrutes**

La gente tiende a rehuir esta sugerencia porque piensan que significa que necesitan leer un montón de libros. Mientras que la lectura puede definitivamente expandir su mente, hay una variedad de otras opciones que se adaptan mejor a sus preferencias. Usted puede aprender sobre nuevos temas viendo documentales, videos educativos en YouTube, programas de televisión, inscribiéndose en una clase, tomando un curso en línea, o quizás preguntando a alguien que sabe más que usted sobre cierto tema. La información puede ser transferida de innumerables maneras. Sólo tienes que descubrir cuál es la mejor manera de hacerlo.

2. **Discutir un tema con alguien que tenga una opinión diferente a la suya**

Aprender a tener una discusión civilizada con alguien con quien no está de acuerdo es una habilidad muy valiosa. Al desafiar nuestras perspectivas, nos obligan a razonar y pensar críticamente, y afrontémoslo, los debates pueden ser emocionantes. Incluso si usted cree firmemente que la otra persona no podría estar más equivocada, es un ejercicio excelente para desarrollar su sentido de la lógica. Y a veces no nos damos cuenta de que hay un defecto en nuestro razonamiento hasta que nos enfrentamos a un retador. Podemos aprender de sus buenos puntos, así como de sus argumentos erróneos. Todo lo que le aconsejamos es que lo mantenga civilizado! Recuerda, ataca los argumentos, y no a la persona que los hace.

3. Practica explicando las cosas nuevas que has aprendido

No sirve de nada leer mucha información si no podemos retenerla. Una manera de asegurarte de que conservas todos esos nuevos datos en tu cabeza es tratar de explicárselos a alguien más. Puede ser cualquiera: una pareja, un amigo o, si te sientes seguro, un nuevo conocido.

• Humor

Para disfrutar verdaderamente de la compañía de alguien, debe haber algún nivel de humor. Nos obliga a tomárnoslo con calma, a mantenerlo a la ligera y a ver la alegría incluso en las situaciones más absurdas. Sin el humor, el mundo sería un lugar miserable, y por eso es un componente vital de la trifecta. Hacer reír a alguien es una manera fácil de empezar a desarrollar una conexión. De hecho, el humor es tan poderoso que puede hacer que la gente pase por alto una serie de cualidades negativas.

También es importante tener en cuenta que tener buen sentido del humor también requiere que seas capaz de aceptar una broma. Si alguien se burla de ti y no tiene la intención de ser malo, ¡intenta ver el humor que hay en ello! Ríete y no te ofendas fácilmente. Y recuerde, el mejor tipo de humor no es malo o degradante hacia otra persona. Mantenlo inteligente e inofensivo.

1. Sumérgete en el entretenimiento cómico

No hay mejor manera de entender el funcionamiento de la buena comedia que encontrar el entretenimiento cómico que disfrutas. Vea un programa de televisión divertido, una película, una actuación de pie o incluso vídeos de YouTube. Expóngase a una variedad de estilos de comedia y elija el que más le guste. Trate de mantenerse alejado de la comedia que gira en torno a bromas y bofetadas de humor. Aunque está totalmente bien disfrutar de ellos, uno no debería esperar aprender nada de ellos.

2. **Practicar el ver lo absurdo en escenarios cotidianos**

Esta habilidad puede ser valiosa no sólo para las habilidades de conversación sino para la vida en general. Le enseñará a reírse ante los desastres, e instantáneamente encenderá más positividad incluso en los días malos. La risa es, después de todo, uno de los mejores remedios para todos los problemas. La vida está llena de absurdos y ridículos, sólo tienes que reconocerlo. La próxima vez que te encuentres molesto por algo, intenta darle la vuelta y verlo como un escenario cómico.

3. **Rodéate de gente graciosa**

Todos conocemos a alguien con un sentido del humor asesino, alguien que es un placer estar con él, y que nos hace reír de inmediato. Una buena manera de ser más divertido o de desarrollar un mejor sentido del humor es pasar tiempo con gente divertida. Escuche y ríase de sus chistes, trate de responder de una manera igualmente alegre, y trate de aprender de la manera en que su humor hace ciertas situaciones. Fíjese de qué bromean, cómo bromean al respecto y qué es exactamente lo que lo hace gracioso. Si hay chistes que caen un poco planos, examine por qué. ¿La mejor parte de esta táctica para construir el humor? Lo disfrutarás inmensamente y pasarás más tiempo con un amigo!

- **Empatía**

En pocas palabras, la empatía es la capacidad de ponerse en el lugar de otra persona. Significa que usted puede captar sus emociones y sentir lo que ellos están sintiendo. Es más que sólo simpatía, los individuos empáticos pueden sentir las experiencias de otras personas como si ellas también las hubieran soportado.

La mayoría de nosotros somos razonablemente capaces de tener empatía cognitiva, que es cuando entendemos la emoción a nivel intelectual, pero en realidad no podemos relacionarnos con lo que alguien está sintiendo. A veces, puede que ni siquiera nos importe, pero sabemos lo que se supone que debemos decir para ser educados. Podemos reconocer que alguien está triste, y sabemos cómo actuar con simpatía, pero no hay una parte de nosotros que sienta la tristeza de esa persona. Podemos pensar racionalmente en las emociones, pero mientras tanto, permanecemos un poco distantes.

La empatía cognitiva puede resultar útil en el lugar de trabajo y en las conversaciones cotidianas rápidas, pero si te interesan las conexiones profundas, no será suficiente. Afortunadamente, el desarrollo de tu empatía emocional también mejorará tu empatía cognitiva, así que ¿por qué no empezar por ahí?

1. **Sea consciente de sus propias emociones y participe en el amor propio**

Es una verdad incómoda, pero una verdad sin embargo; todo comienza con usted y la manera en que usted trata con sus emociones. Si usted está constantemente reprimiendo sus sentimientos y nunca los trata de una manera honesta y saludable, entonces es probable que sea incapaz de relacionarse con los sentimientos de los demás. Tal vez descubras que una parte de ti se resiste a la empatía emocional porque abre una caja cerrada de sentimientos con los que aún no has lidiado.

2. Aprenda la historia de la vida de alguien con quien no está de acuerdo

Es fácil identificarse con una persona sin hogar o una víctima de abuso, pero esto no prueba que usted sea una persona empática, sólo que no es un sociópata. Para verdaderamente construir empatía, desafíese a sí mismo profundizando en la vida de alguien con quien no está de acuerdo. Trate de separarse del punto de vista o de la opinión opuesta que tienen, y en su lugar trate de verlos como un ser humano único que ha llevado una vida compleja, no diferente a usted o a cualquier persona de la que usted sea amigo. El objetivo no es que te gusten o que cambies de opinión, sino que veas más allá de tu perspectiva y sientas la experiencia de alguien. Es posible empatizar con los problemas o asuntos de alguien, y no estar de acuerdo con las decisiones que tomó.

Es probable que este ejercicio sea más significativo si involucra a alguien que usted conoce, pero si usted no está listo para tal encuentro, es posible usar una figura pública que usted no conoce personalmente. Este paso se puede completar de varias maneras. Puedes ver la biografía de un personaje histórico o famoso, o si es alguien que conoces, puedes intentar conocerlo a través de mensajes digitales o en persona. Construya la conversación gradualmente para que no parezca entrometida. Empiece por preguntarles acerca de sus antecedentes o familia y haga preguntas acerca de sus metas o influencias. Te sorprendería lo mucho que puedes relacionarte con alguien que ni siquiera te gusta!

3. **Tómese el tiempo para imaginar cómo es ser otra persona**

Todos hemos hecho esto durante al menos un segundo, pero rara vez nos tomamos el tiempo para hacerlo en profundidad. Inténtalo. Es un ejercicio que se puede hacer absolutamente en cualquier lugar y en cualquier posición física. Elija a alguien que conozca razonablemente bien. Imagínate lo que fue tener su infancia. Considere lo que era ver a sus padres todos los días. Piense en las necesidades de la infancia que podrían no haber sido satisfechas. ¿Cuáles son las inseguridades de esta persona? Imagínese lo que es despertarse cada mañana con esas inseguridades, y cómo se desenvuelve en las interacciones diarias. ¿Qué tipo de situaciones provocarían esas inseguridades? Imagínense las dificultades que podrían haber llevado a esas inseguridades.

Visualice las experiencias que esta persona pudo haber tenido para llegar a ser lo que es hoy en día. Y más que esto, considere los privilegios que usted tiene que esta persona no tiene. Incluso si son más ricos y exitosos que usted, lo más probable es que todavía haya privilegios que usted tiene que ellos no tienen. Tal vez tengas una familia más feliz, tal vez nunca hayas tenido tanta mala suerte en el amor, o tal vez tengas más amigos que te apoyen. Imagine lo que es no tener más esos privilegios y reconozca lo diferente que sería su vida sin ellos.

Tres pasos para convertirse en una persona más interesante

Hagamos una gran pregunta, ¿sí? Lo admitamos o no, todos queremos ser una persona más interesante. ¿Pero qué significa eso realmente? El carisma es un componente importante, pero eso no es todo. La trifecta de encanto también puede considerarse una influencia dominante sobre lo interesantes que somos, pero aun así, hay un poco más que eso. Al final del día, ser interesante viene con su propia actitud - una actitud de apertura y eclecticismo.

Piensa en todas las experiencias que has tenido con gente interesante y cautivadora. Es cierto que a veces lo que es interesante puede ser subjetivo, pero definitivamente hay algunos rasgos generales. Tiende a haber la sensación de que la otra persona es casi un tesoro de historias e ideas. Tienen sorpresas bajo la manga. Ellos saben y han visto mucho más que tú. No pueden ser atrapados o agarrados, porque siempre están un paso adelante.

Usemos estas experiencias como base de referencia y averigüemos cómo podemos emularlas.

1. Hacer cosas interesantes

¿No te parece obvio? Si te sientas en casa, ves la televisión y te quedas en tu cómoda burbuja, no vas a ser muy interesante para otras personas. Todos usamos nuestras experiencias como referencia; si no has tenido muchas experiencias variadas, no vas a tener mucho que ofrecer a las conversaciones, a menos que sea con otras personas que tampoco hayan visto tanto. Acumular experiencias fantásticas, aventureras y diversas. Sumérgete en lo desconocido y traspasa los límites de tu zona de confort. Haz algo que nunca pensaste qué harías y expande tus horizontes. Recoge experiencias interesantes y te volverás más interesante, a su vez.

2. Piense fuera de la caja

La gente está demasiado concentrada en lo que debería estar haciendo o diciendo que no entiende el sentido de ser interesante. Trate de pensar fuera de la caja o de darle la vuelta a una situación. Esto es diferente a comportarse como un rebelde o violar los códigos sociales; esto sólo significa responder de una manera que es inusual. Por ejemplo, si todo el mundo está contando historias sobre lo bien que se comporta su hijo, haga que las cosas sean interesantes contando una historia sobre la cosa más divertida que su hijo haya hecho, incluso si fue un poco travieso. Si todos tus amigos llevan bikinis modernos, ponte un bikini de cintura alta con estilo de los años 80. Si todos tus amigos están hablando de su mayor éxito en el trabajo, en su lugar habla del mayor fracaso del que has aprendido más. Haga que las situaciones sean más interesantes respondiendo de manera diferente.

3. Ser de mente abierta

A nadie le gusta una persona de mente cerrada; los únicos que lo hacen son otras personas de mente cerrada que son de mente cerrada sobre las mismas cosas. Deja de ofenderte o escandalizarte tan fácilmente y reemplaza esos sentimientos por temor y curiosidad. No sólo te hará más absorbente a la información interesante, sino que también te convertirá en un conversador más interesante. La razón por la que nos gustan las personas de mente abierta es porque transmiten una sensación de libertad. En realidad, no experimentamos a las personas de mente cerrada como más morales, inteligentes o sabias; parecen estar enjauladas por sus propias creencias. Los individuos de mente abierta todavía pueden tener creencias fuertes, pero son tan cómodos y libres que todavía pueden escuchar opiniones alternativas. Admiramos este sentido de apertura y libertad en los demás. Instintivamente sentimos que si una persona encarna esta actitud, debe haber visto mucho y tener mucho que compartir.

Habilidades Sociales

El desarrollo de todas las cualidades de este capítulo mejorará tus habilidades de conversación diez veces. En realidad, tener mejores conversaciones comienza con nuestro estado de ánimo, nuestras habilidades sociales y las experiencias que hemos tenido. Trabaja en el desarrollo de todas estas habilidades, y notarás que las conversaciones cobran vida en tu presencia.

Capítulo 5 - Conociendo a su audiencia

Un mensaje corto del Autor:

¡Hey! Siento interrumpir. Sólo quería saber si estás disfrutando el audiolibro de Conversation Skills 2.0. Me encantaría escuchar tus pensamientos!

Muchos lectores y oyentes no saben lo difíciles que son las críticas y lo mucho que ayudan a un autor.

Así que estaría increíblemente agradecido si pudieras tomarte sólo 60 segundos para dejar una revisión rápida de Audible, ¡incluso si es sólo una o dos frases!

Y no te preocupes, no interrumpirá este audiolibro.

Para ello, sólo tienes que hacer clic en los 3 puntos de la esquina superior derecha de la pantalla dentro de la aplicación Audible y pulsar el botón "Rate and Review".

Esto le llevará a la página de "evaluación y revisión" donde podrá introducir su clasificación por estrellas y luego escribir una o dos frases sobre el audiolibro.

Es así de simple!

Espero con interés leer su reseña. Déjeme un pequeño mensaje ya que yo personalmente leo cada crítica!

Ahora te guiaré a través del proceso mientras lo haces.

Sólo tienes que desbloquear el teléfono, hacer clic en los 3 puntos de la esquina superior derecha de la pantalla y pulsar el botón "Rate and Review".

Introduzca su clasificación por estrellas y listo! Eso es todo lo que necesitas hacer.

Te daré otros 10 segundos para que termines de compartir tus pensamientos.

----- Esperar 10 segundos -----

Muchas gracias por tomarse el tiempo para dejar una breve reseña de Audible.

Estoy muy agradecido ya que su revisión realmente marca una diferencia para mí.

Ahora volvamos a la programación programada.

Usted puede ser agradable y encantador, pero ningún arsenal de conversación está completo sin la capacidad de leer una habitación. Un conversador que puede leer una habitación es capaz de captar los pensamientos, sentimientos y personalidad general de cada persona que observa o con la que se relaciona. Como mencionamos anteriormente, esta habilidad es fundamental para una buena comunicación, ya que necesitamos entender los factores que influyen en si nuestras tácticas sociales tendrán éxito o no. Las estrategias para ganarse a una persona tímida probablemente molestarán a alguien que es muy extrovertido, y viceversa. Alguien que está de mal humor no será tan receptivo a ciertas señales sociales como alguien que está de buen humor.

Micro expresiones

Creemos que las expresiones faciales nos lo dicen todo, pero no es toda la verdad. Una sonrisa no siempre indica felicidad, y una expresión seria no necesariamente indica nerviosismo o desagrado. Si quieres saber cómo se siente realmente alguien, presta atención a sus micro expresiones.

Las micro expresiones son señales no verbales que duran desde una fracción de segundo hasta unos pocos segundos, pero rara vez más. Pueden ser recurrentes, pero si son permanentes, entonces es probable que la persona en cuestión no esté tratando de ocultar sus sentimientos en absoluto. Las micro expresiones ocurren cuando momentáneamente bajamos la guardia y mostramos nuestra verdadera reacción. A la mayoría de las personas se les ha enseñado a ser educados y a mantener siempre bajo control sus verdaderos sentimientos, y es por eso por lo que las micro expresiones son tan fugaces. Tan pronto como nos sentimos deslizándonos, volvemos inmediatamente a la cara que ponemos por el mundo.

Las emociones que ocultamos no siempre son negativas. Podemos tratar de ocultar nuestra euforia mientras estamos en una cita con una persona que realmente nos gusta, o podemos tratar de ocultar nuestra emoción si estamos ocultando buenas noticias antes de un anuncio oficial.

Consideremos a Rhonda de nuevo. Mientras asiste a la fiesta de una amiga, conoce a una variedad de personas diferentes con las que interactúa. Como no es la persona más hábil socialmente, se encuentra con una serie de reacciones diferentes.

1. Estrés e impaciencia

Cuando Rhonda llega a la fiesta, inmediatamente se encuentra con alguien que conoce. Se detiene a hablar con su viejo amigo y, sin saberlo, se detiene en una puerta, impidiendo que alguien entre. El desconocido se para detrás de ella, aclarando su garganta, pero Rhonda no se da cuenta. Frunce los labios y sus fosas nasales se ensanchan por un momento. Cuando Rhonda finalmente se da cuenta, su mandíbula se aprieta antes de que recupere la compostura y camine hacia su destino.

2. Frustración o enojo

Mientras estaba en la fiesta, Rhonda se topó con su ex. La relación terminó mal y sobre todo debido al mal comportamiento de Rhonda. Ella no lo reconoce inmediatamente desde que se cortó el pelo y empezó a usar lentes de contacto. Sentada en una mesa con unos conocidos, ella no se da cuenta de que él también está presente, así que lo ignora. La ex está furiosa, aún amargada por la forma en que lo trató y aún más ahora que no puede reconocerlo. Mientras fuma, presiona los labios y continúa aplastando intermitentemente.

3. Desprecio o aversión

Rhonda se da cuenta de que dos mujeres están conversando y se une a la conversación. Desafortunadamente, cambia de tema y comienza a hablar de sí misma incesantemente. Mientras Rhonda habla, una mujer mira su recelo, haciendo sólo contacto visual con el rabillo del ojo. Mantiene la cabeza inclinada lejos de Rhonda, una señal de que no está entusiasmada con la presencia de este recién llegado y puede incluso sentirse superior a ella. Se resiste a la tentación de poner los ojos en blanco y, al hacerlo, sus párpados revolotean con más parpadeos de lo habitual, enviando el mensaje: "¡Qué nervios de esta mujer!".

4. Desacuerdo y desprecio

Más tarde, Rhonda conversa con una maestra y argumenta: "Las escuelas están matando la creatividad de los niños". El maestro no está de acuerdo con esto, aunque todavía trata de ser educado. Por un momento, frunce el ceño y pregunta: "¿Por qué?" Cuando las cejas arrugadas acompañan a los ojos entrecerrados, indica desacuerdo o escepticismo, pero si los ojos están abiertos, esto indica curiosidad. Mientras Rhonda continúa, la maestra comienza a sentir un poco de desdén. Un lado de su boca se acurruca muy brevemente mientras que el otro lado permanece inmóvil. Muchas personas malinterpretan esta expresión como una "media sonrisa", pero esto es incorrecto. Este es un signo clásico de desprecio, especialmente si la boca está apretada.

5. Miedo

Alguien que tuvo una mala experiencia con Rhonda en una fiesta diferente la ve acercarse. Al notar a Rhonda, sus ojos se abren de par en par por un breve momento, transmitiendo una sensación de vigilancia. El miedo se identifica más fácilmente mirando a los ojos. La boca también reacciona ensanchándose horizontalmente. Esto es diferente de una sonrisa donde las esquinas están hacia arriba, cuando se introduce el miedo, las esquinas retroceden horizontalmente hacia las orejas.

6. Emoción o felicidad

Aunque Rhonda tuvo impresiones negativas en muchas personas, la persona que la invitó a la fiesta está feliz de verla. La amiga de Rhonda está en medio de una discusión seria con otra persona, así que ella está tratando de no parecer muy feliz, pero cuando se da cuenta de Rhonda, sus ojos se ven un poco más brillantes. A pesar de que no está sonriendo, las dos comisuras de su boca se elevan muy ligeramente.

Los seis tipos de comunicadores y cómo ganárselos

Los psicólogos sociales han descubierto que hay seis estilos principales de comunicación. Mientras que cada uno de nosotros es más probable que se comunique en uno de estos estilos naturalmente, podemos aprender a usar los talentos y rasgos de todos los otros estilos. En su mayor parte, cada tipo de comunicador responde mejor a aquellos que se comunican de la misma manera, pero no todo el tiempo. Mira a ver si puedes determinar de qué tipo eres. Y lo más importante, averigüe cómo se acercaría a los otros estilos diferentes.

- **Noble**

Directo, enfocado, dice las cosas como son

Estos comunicadores tienden a ser grandes líderes, ya que no tienen reparos en decir lo que hay que decir y participar en las conversaciones difíciles. Son prácticos, directos, y muchas personas responden bien a ellos ya que siempre son honestos.

No se preocupan por los sentimientos de los demás, prefieren ser francos y directos. Esto no significa que sean personas insensibles, simplemente no tienen en cuenta las emociones cuando hablan. Aunque por lo general no tienen malas intenciones, las personas sensibles pueden molestarse por lo que dicen, ya que a menudo no está redactado de una manera considerada. No son complicados y por lo general son bastante predecibles.

Para ganarse a un comunicador Noble, debe ser claro, directo y seguro. Evite el lenguaje demasiado florido ya que ellos no ven el punto y lo verán como una pelusa frívola. Enfóquese en el "qué" y el "cómo", ya que los nobles son los que más se preocupan por los detalles prácticos que por cualquier otra cosa. Dales toda la información por adelantado ya que no te perseguirán para obtener más detalles. Aparte de estas reglas generales, encontrarás que puedes decirle casi cualquier cosa a un Noble, ya que sólo se preocupan por la verdad y la realidad.

- **socrático**

Expresivo, persuasivo, intelectual, detallado

A diferencia de los comunicadores de Noble, los individuos socráticos disfrutan de las largas y prolongadas discusiones con muchos detalles. Estos comunicadores tienden a chocar con los nobles ya que sus métodos de comunicación son casi completamente opuestos. Es raro que un comunicador socrático se meta en una conversación corta; tan pronto como abre la boca, es fácil que se pierda en una tangente o en una larga y florida anécdota. Cuando cuentan historias añaden mucha información de fondo, prefiriendo presentar el cuadro completo. A veces, parecen estar dando lecciones.

Para hacerse amigo de un socrático, escuche sus largas historias con toda su atención, y mejor aún, hágales preguntas.

Disfrutan de individuos interesantes y únicos, así que asegúrese de hacerles cosquillas en su intelecto. Plantee temas inusuales pero fascinantes, y únase a ellos mientras profundizan en ellos con sus cientos de preguntas y análisis perspicaces. Prefieren tratar con ideas en lugar de sentimientos, aunque son más receptivos a las emociones que los Nobles.

- **Reflexivo**

Paciente, comprensivo, sensible, quiere vincularse

Si usted es un comunicador reflexivo, es probable que haya muchas personas en su vida que acuden a usted con sus problemas. Para bien o para mal, la gente disfruta buscando el apoyo de los reflexivos, ya que son conocidos por ser comprensivos y tener una gran capacidad de escucha. A los reflexivos les gusta conectarse sobre una base emocional y por lo general no están interesados en compartir opiniones fuertes. No es natural que un comunicador reflexivo sea asertivo o directo, por lo que puede ser deshonesto o incluso engañoso. Preferirían no ver heridos los sentimientos de nadie, así que dicen lo que hay que decir para mantener una conversación armoniosa. Los reflexivos son los comunicadores más propensos a ser interrumpidos o pasados por alto en la conversación, ya que por lo general no se expresan de una manera fuerte o segura.

Para ganarse un Reflective, abrirse un poco y mostrar algo de vulnerabilidad. Encuentre un terreno común con ellos y comparta sus pasiones o intereses mutuos. Para captar realmente la atención de un Reflexivo, hágale preguntas y aliéntelo a abrirse a usted también. Están tan acostumbrados a escuchar a otras personas y a dejar que otra persona sea el centro de atención que pueden sentirse ignorados. Dales un poco de atención y te los ganarás, seguro.

- **Candidato**

Agradable, hablador, analítico, quiere gustar

Cuando combinamos los estilos Socrático y Reflexivo, obtenemos el comunicador del Candidato. Los candidatos son cálidos, habladores y por lo general tienen un aire agradable sobre ellos. Disfrutan conectarse con los demás contando historias, y siempre se esfuerzan por mantener una conversación armoniosa. Cuando surge un problema, creen que hablar es la mejor solución, y lo hacen de una manera emocionalmente comprometida. Son más veraces que alguien que sólo tiene un estilo reflexivo, pero aun así hacen todo lo que pueden para evitar conflictos confusos.

Para ponerse de su lado bueno, active sus buenas habilidades de escucha y sea paciente mientras hablan. Si usted deja de prestar atención o termina una conversación abruptamente, el candidato probablemente se sentirá muy molesto. Como también tienen atributos reflexivos, son mucho más receptivos a otros puntos de vista que un comunicador socrático solo. Gánatelos involucrándote realmente con ellos, compartiendo partes genuinas de ti mismo y escuchando atentamente sus largas, a veces emocionales, historias.

- **Magistrado**

Intenso, argumentativo, persuasivo

Los estilos Noble y Socrático se fusionan para crear la gran presencia del Magistrado. Estos individuos pueden ser increíblemente elocuentes y persuasivos, pero aunque sobresalen como oradores públicos, pueden ser un poco lentos en sus relaciones interpersonales. Les lleva más tiempo comprender las necesidades y sensibilidades individuales, por lo que a veces pueden actuar fuera de lugar y ofender a las personas más cercanas a ellos. Cuando presenciamos a un Magistrado Comunicador hablando, puede parecer que serían un líder fenomenal. A menudo, puede parecer un monólogo o un gran discurso. Desafortunadamente, los Magistrados tienden a dividir a las audiencias y, en el peor de los casos, pueden ser sermoneadores y prepotentes. O los amas o los odias. En sus vidas personales, pueden ser argumentativos, e incluso pueden meterse en problemas en el trabajo.

Para acercarse a un Magistrado, no tenga miedo de discusiones serias y profundas. No huyen de los temas oscuros que, a su juicio, transmiten la verdadera verdad de la vida. También es necesario que usted entienda cómo hablar con calma y racionalmente en discusiones acaloradas sin perder los estribos. De lo contrario, es posible que se encuentre en una discusión en toda regla con un magistrado. También asegúrese de escuchar atentamente al Magistrado, ya que cree firmemente que lo que está diciendo debe ser escuchado. Para halagarlos, hacerlos sentir como el revolucionario que creen que son.

- **Senador**

Estratégico, adaptable, observador, versátil

El más complejo de los seis, el Senador es a menudo considerado el estilo de comunicación más inteligente. En la conversación, la forma en que hablan y las cosas que dicen están cuidadosamente calculadas para producir el resultado que desean. Tienen la habilidad única de combinar las habilidades de los otros cinco estilos para crear un efecto predeterminado. Pueden hablar como un Noble, pero también tienen las habilidades de escucha de un Reflexivo. Son altamente impredecibles, y muchas personas que tratan de conocerlos pueden percibirlos como inconstantes.

Tratar de convencer a un senador para que te acorrale no es tarea fácil. De los seis comunicadores, son definitivamente los más difíciles de atrapar. Esto se debe a que siempre están cambiando, y a menudo su comportamiento está determinado por lo que esperan lograr. Esto no siempre es una búsqueda egoísta, a veces el objetivo puede ser ayudar a otras personas a llevarse bien. El objetivo exacto depende de la personalidad individual. Aconsejamos observar de cerca a los Senadores y prestar atención a las transiciones entre los estilos de comunicación. A menudo uno puede identificar cuál es su objetivo al notar qué método de comunicación están usando en ese momento. Refleja cualquier estilo que parezca estar usando.

Consejos de conversación para audiencias especiales

Como hemos demostrado, las tácticas de conversación no son las mismas para todos. Y aunque ya hemos cubierto una amplia gama de tipos de personalidad, hay algunos otros que aún no hemos tenido en cuenta.

Niños y niñas

No debería ser tan aterrador hablar con humanos diminutos, pero muchas personas no tienen experiencia con niños. Si usted tiene que conocer al hijo de una nueva pareja o establecer un vínculo con un primo menor, no le servirá de mucho estar lleno de ansiedad, aunque no sería completamente infundado. Después de todo, los niños no pueden hablar de los mismos temas que los adultos. ¿Y si accidentalmente dices algo que los asusta?

La realidad es que no es tan difícil como piensas, y los niños son mucho más inteligentes de lo que la gente cree. Los niños tienden a responder positivamente cuando los adultos se bajan a su altura. Cuando no eres un gigante en ciernes, eres más accesible. Cuando hable, asegúrese de usar un lenguaje positivo. En lugar de decir: "Tu madre me ha hablado mucho de ti", intenta endulzarlo diciendo: "¡Tu madre me ha hablado mucho de lo talentosa e inteligente que eres! Recuerde que a los niños les encanta la idea de la aventura, así que si va a contarles alguna historia, asegúrese de que tenga un toque de aventura. Y hágales preguntas sobre lo que disfrutan. Los niños se calentarán contigo cuando puedan hablar de lo que les excite.

Cuando hables con un niño, acepta completamente la tontería y definitivamente te pondrás de su lado bueno. Y recuerde, ¡nunca corrija a un niño cuando esté hablando en forma juguetona! Si dijeron que visitaron la tierra de los unicornios, no digas "Los unicornios no existen". En vez de eso, pregúntales cómo es allí y si hicieron amigos unicornios.

Los Ancianos

No es ningún secreto que a medida que las personas envejecen, se vuelven menos capaces física y mentalmente de comportarse como solían hacerlo. Sin embargo, un error común que la gente comete es hablarles como si fueran niños. Aunque pueden ser un poco más lentos, usted encontrará que la mayoría de las personas de edad avanzada todavía son increíblemente agudas, especialmente cuando les pregunta acerca de las pasiones de su vida. Dispáreles unas cuantas preguntas sobre cómo conocieron a su compañero de vida, la carrera que tuvieron o de dónde vinieron, y descubrirá que de repente recuperan todo su ingenio (siempre y cuando ninguna de estas preguntas desencadene algo traumático) y disfrutan compartiendo las fascinantes historias que tienen. Tengan paciencia con ellos si su memoria se ralentiza, y permítanles encontrar sus pensamientos.

Siempre hable con los ancianos como los adultos que son. Reducir su habla no sólo es grosero, sino que también puede perjudicar sus procesos mentales. Por qué? Por la misma razón que tú sufrirías si alguien redujera su discurso hacia *ti*. Disminuye su autoestima y acelera el declive de sus capacidades cognitivas porque nadie les permite usar su mente adecuadamente.

Hay tantos estilos de comunicación como seres humanos en el mundo. No hay dos personas que se comuniquen exactamente de la misma manera, pero esta guía le ayudará a navegar por las principales personalidades. Para identificar cómo es su estilo exacto, considere su edad, antecedentes, cultura, intereses y su naturaleza general. Todo es una pista; preste atención.

Capítulo 6 - Construyendo Conexiones Profundas

Al final del día, todos anhelamos algo más allá de las bromas alegres o las discusiones de partido. Queremos unirnos a los demás. Queremos ver nuestra humanidad reflejada en otra persona, y queremos reflejar la suya. Muchos incluso argumentarán que de eso se trata la vida: de aprender a vivir en armonía con los demás para que podamos ayudarnos mutuamente a superarnos. Sea lo que sea que creas, es cierto para todos: todos necesitamos conexiones profundas. Sin ellos, podemos llegar a ser más susceptibles a las enfermedades mentales.

Ya que todos lo necesitamos para prosperar, uno pensaría que sería fácil hacer conexiones duraderas y profundas. Pero para la mayoría de nosotros, son pocos y distantes. A menudo las conexiones más significativas que tenemos son con personas que conocemos desde hace mucho tiempo.

Hay muchas razones por las que podemos encontrar esta hazaña difícil. A veces es porque tenemos miedo de la intimidad. A veces es porque podemos ser críticos, y queremos creer que no hay nada que podamos tener en común con la gente que nos rodea. Y por supuesto, muchas veces, simplemente no tenemos las habilidades sociales necesarias. Queremos una conexión significativa, pero no sabemos cómo ir de A a B.

He aquí algunas buenas noticias: en realidad no es tan difícil como crees.

Trucos de conversación para establecer una relación instantánea con alguien

1. Tratar de reflejar su estilo de hablar

Preste atención al ritmo, la longitud y las opciones de palabras con las que alguien habla. Para establecer una buena relación, trate de reflejar su estilo de hablar. Si hay palabras que usan a menudo, introdúzcalas también en su lado del diálogo. Es importante, al hacer esto, no copiarlos por completo, o sentirán que te estás burlando de ellos. Para evitar esto, una buena regla general es nunca imitar el acento de alguien.

2. Busca sus consejos

En lugar de pedir la opinión de alguien, pídele consejo. Hacer esto fortalecerá su vínculo. Por qué? Para empezar, usted parece ser genuino (¡sólo la gente honesta puede admitir que necesita consejo!) y en segundo lugar, usted les está mostrando que piensa que son una fuente creíble de retroalimentación. Después de esta interacción, es probable que también se sientan involucrados en el tema sobre el que le aconsejaron y es posible que deseen mantenerse al día con lo que sucede. Sólo asegúrese de prestarles mucha atención y de escuchar con atención lo que dicen.

3. Combinar ideas

No tienes que estar en una reunión de trabajo para hacer una lluvia de ideas; puedes hacerlo con cualquiera. Todo lo que implica es jugar con sus ideas y expandirlas. Cuando haces una lluvia de ideas con alguien, ya sea casual o seriamente, les demuestras que has estado prestando mucha atención a ellos y que te tomas sus ideas en serio. Además de esto, usted puede satisfacer su necesidad de expansión, demostrando que tiene algo que ofrecerles intelectualmente.

4. Parafraseando

Cuando parafraseamos lo que alguien dice, repetimos lo que dijo con nuestras propias palabras. La paráfrasis siempre debe combinarse con otra afirmación como "Comprendo". O bien, se puede convertir en una pregunta con la adición de algo al efecto de "¿Es eso cierto?". La parafraseando muestra que usted ha escuchado, entendido y empatizado con lo que ellos han dicho. Por ejemplo, si tu amigo dice: "Soy un insomne, así que, por favor, discúlpame si parezco un poco fuera de sí", podrías decir: "Entiendo". No has dormido lo suficiente, así que te sientes exhausto y desorientado". Al decir esto, no estás añadiendo ninguna información nueva, sólo reformulando ligeramente la afirmación anterior.

5. Haga preguntas que involucren ``cómo' y ``por qué".

Si no está seguro de qué tipo de preguntas hacer, piense en algo que comience con "cómo" o "por qué". Este tipo de preguntas crean vínculos porque le estás pidiendo a tu interlocutor que busque respuestas más elaboradas y significativas. Por ejemplo, si tu amiga está hablando de una reunión de alta presión, acaba de terminar. Podrías preguntar "¿Cómo te sientes ahora?" o "¿Por qué crees que te fue tan bien?"

Establecer una relación es esencial para crear un vínculo con empatía y conexión, pero no lo lograremos de inmediato. Implica mucho más que tácticas de conversación.

Cómo formar relaciones significativas

1. Dejar entrar a la gente

Todos los demás puntos de esta lista no significan nada si no dejas entrar a la gente. No actúes con frialdad y distanciamiento ya que esto forma una barrera entre tú y los demás. En vez de eso, trate de irradiar un aura invitadora y permita que ellos lo conozcan a usted, tanto como usted lo hace con ellos. La gente a menudo comete el error de sentirse como una víctima cuando otras personas no se interesan en conocerlos. No caigas en este complejo de víctima. En vez de eso, pregúntese: ¿estoy demostrando a esta persona que se puede confiar en mí? ¿Estoy permitiendo que la gente se acerque a mí? ¿Les estoy mostrando lo que me hace un buen amigo?

2. Equilibrar el dar y el recibir

Si tu amigo te compró el almuerzo en tu última reunión, cómprale una bebida o comida en tu próxima reunión. Devuelve la generosidad con generosidad. Si usted no está en una buena situación financiera, ofrézcase para hacer algo más por ellos. Hay belleza en tener un amigo o familiar que haría cualquier cosa por nosotros, pero nuestra responsabilidad como buena persona es nunca pedirles que hagan *todo* por nosotros. Si te das cuenta de que has estado hablando de tus problemas sin parar durante la última hora, tómate el tiempo para preguntarle a tu conexión cercana cómo son y asegúrate de ofrecerles la misma paciencia. Siempre tenga en cuenta cuándo puede estar pidiendo demasiado. Y si tienes que hacerlo, asegúrate de compensarlos.

También es importante tener en cuenta que también se debe evitar lo contrario. Si su amigo continuamente le pide mucho, sea honesto acerca de cómo se siente y cree algunos límites.

3. Dedique tiempo a mantener la fianza

Una vez que formamos un vínculo con un nuevo amigo o pareja, necesitamos hacer el esfuerzo de nutrir esta relación. No importa lo bien que nos llevemos con otra persona - si nunca hacemos tiempo para ellos en nuestras vidas, este vínculo se disipará lentamente. Y cuando se haga una reconexión en un futuro lejano, se sentirá como si estuvieras empezando todo de nuevo.

El acto de hacer tiempo es poderoso y envía un mensaje importante: Me preocupo lo suficiente por ti para siempre encontrar tiempo para ti. Si una de las partes se embarca en una larga experiencia de viaje, o se muda a otra ciudad, haga el esfuerzo de hacer una sesión semanal o quincenal para ponerse al día por teléfono. Evite tener una dinámica en la que sólo hable cuando una persona necesita un hombro sobre el que llorar. Incluso las parejas que viven juntas deben encontrar tiempo en sus apretadas agendas para mantener el vínculo. Crear tiempo de calidad es una parte necesaria para mantener viva una conexión.

4. Erradicar todo comportamiento competitivo

Cuando estamos cerca de alguien, es fácil empezar a compararnos con él. Si tu amigo o pareja está más avanzado en su carrera que tú, nunca permitas que los sentimientos de envidia conduzcan tus acciones. Es perfectamente normal que un pensamiento celoso te atraviese el cerebro, pero nunca dejes que desencadene una decisión que les afecte. Está muy bien pensar: "Vaya, Adam está afectando mucho a todas las chicas de esta fiesta. Desearía poder hacer eso." Pero no está bien empezar a contarle a alguien sobre su momento más embarazoso sólo para bajarle los humos. Reconozca que ambos tienen diferentes fortalezas y debilidades, y que la vida no es una competencia. Busque inspiración en sus relaciones, no competencia.

5. Conozca el propósito de su relación

Cada persona en nuestra vida nos ayuda de una manera ligeramente diferente. Reconocer el propósito mayor que sirven puede encender sentimientos de aprecio y, en última instancia, nos ayudará a fortalecer el vínculo. Los regalos que traen a nuestras vidas son mucho más específicos que simplemente darnos apoyo emocional o evitar que nos sintamos aburridos. Si lo piensas, cada persona que conocemos nos da una lección única. Vea si puede identificar a las personas que continuamente le enseñan estas lecciones - y averigüe cuáles les enseña a otras personas.

- Acepta todo lo que te hace diferente.
- Está bien llorar y hablar de tus sentimientos.
- Los opuestos se atraen y se ayudan mutuamente a crecer.
- Todo puede ser divertido si lo dejas ser.
- El mundo está lleno de experiencias increíbles y hay que perseguirlas todas.
- Siempre debemos enfrentarnos a nosotros mismos exactamente como somos y esforzarnos por ser mejores.
- Disfruta de las cosas como son, no hay necesidad de complicarlas.
- Un verdadero amigo está contigo durante tus horas más oscuras.

Los Hábitos de las Personas Emocionalmente Inteligentes

¿Recuerdan cuando discutimos cómo los individuos magnéticos son adeptos a la autosuficiencia emocional? Es un atributo importante de la inteligencia emocional. Un individuo emocionalmente inteligente no sólo puede sentir, entender y sentir empatía con los sentimientos de los demás, sino que también tiene una firme comprensión de sus propias emociones.

Lo creas o no, la inteligencia emocional es un indicador más grande del éxito de uno que su coeficiente intelectual. Aunque es más probable que un coeficiente intelectual te dé un trabajo en particular, tu nivel de inteligencia emocional determinará si mantienes ese trabajo o si te ascienden. Más que esto, sin embargo, la inteligencia emocional es vital para el cumplimiento de las relaciones personales, ya sea con la familia, los amigos o las parejas románticas. Algunas personas nacen con un don intrínseco para la inteligencia emocional, pero es completamente posible que otras aprendan y desarrollen la habilidad con el tiempo. Examinemos los hábitos que alteran la vida de las personas emocionalmente inteligentes.

- **Siempre encuentran puntos en común**

Cuando se conversa con alguien, las personas emocionalmente inteligentes se centran en las similitudes en lugar de en los conflictos potenciales. No importa quién sea o cuán diferente parezca ser esa persona, siempre conversan con la intención de encontrar intereses y valores comunes. Incluso si la persona con la que están hablando abiertamente no está de acuerdo con ellos sobre algo, los individuos con un alto nivel de Inteligencia Emocional eligen enfocarse en las similitudes. Cuando se enfrentan a un conflicto, tienen la madurez de decir: "Aceptemos no estar de acuerdo".

- **Son conscientes de sí mismos**

La autoconciencia es un atributo clave de la inteligencia emocional. Esto significa que un individuo tiene una buena comprensión de quiénes son, cómo se sienten, cuáles son sus factores desencadenantes y cómo es más probable que reaccionen en un escenario dado.

Tomemos a Sally, por ejemplo. Tiene un ecualizador extremadamente alto. Después de un mal día en el trabajo, ella reconoce que se siente ansiosa y triste. Sus amigos la invitan a cenar en el centro comercial. Sabe que cuando está triste, es más probable que vaya de compras y gaste de más, por lo que tiene la conciencia de que estar cerca de un centro comercial no es una buena idea.

- **Son maestros de la autodisciplina y de la autogestión.**

¿Recuerdas cuando Sally reconoció que ir al centro comercial en un mal día tendría un resultado terrible? La conciencia es una cosa, pero tener la disciplina para decir no es otra. La autoconciencia y la autodisciplina van de la mano como el pan y la mantequilla. Después de todo, ¿qué sentido tiene ser consciente de cuál es el mejor curso de acción si no puede tomar esa acción?

Las personas emocionalmente inteligentes no son esclavas de sus impulsos. No son propensos a grandes explosiones de ira o indignación; manejan sus sentimientos en privado y, si hay que hacer algo, lo hacen con madurez. Tienen la fuerza de la mente para suprimir el comportamiento que sólo causará daño y destrucción, incluso si causa agitación momentánea. No esperan que otras personas cuiden de sus sentimientos, sino que se cuidan a sí mismas.

- **Siempre están conscientes del subtexto**

Todo el mundo sabe que hay una gran diferencia entre las palabras que la gente dice y lo que *realmente* dice. Los individuos con un alto nivel de Inteligencia Emocional siempre están conscientes de este subtexto. Son maestros en la interpretación de los tonos de voz, el ritmo de las palabras y la vibración general que desprende cada persona que conocen. Con todo lo que miden a través de la observación, son capaces de entender lo que no se dice. La intuición y los "sentimientos viscerales" también pueden ayudar a descifrar el subtexto. Si tienes un fuerte presentimiento sobre algo, lo más probable es que estés en algún subtexto.

- **Se mantienen alejados de los juegos de culpabilidad**

Las personas emocionalmente inteligentes son maestros de la responsabilidad y la aceptación. Cuando algo sale mal, se resisten a la tentación de señalar con el dedo a otra persona. Reconocen que por lo general se necesita más de una persona para crear una situación determinada. Si descubrimos que un amigo habló de nosotros a nuestras espaldas, es fácil echarle toda la culpa a ellos y decirles que no deberían haber hecho eso. ¿Pero qué pasa si tu amiga dice que está enojada porque le debes mucho dinero y ella cree que nunca le devolverás el dinero? Es importante que reconozcamos nuestra parte en cada situación. No se trata de sentirse culpable, se trata de admitir que tenemos más poder del que nos damos cuenta y reconocer las repercusiones.

Es cierto que a veces podemos culpar a una persona por algo que sale mal. Si usted tomó todas las precauciones de seguridad y alguien le robó de todos modos, parece muy claro a quién se le debe culpar. No tú, sino ellos. Evitar el juego de la culpa no significa que nunca puedas decir que alguien más cometió un error; significa que no te quedas atrapado en un bucle de culpa en el que te haces sufrir más de lo necesario. Es la diferencia entre pensar "Ese hombre cometió un error" y "Qué hombre tan horrible". ¿Cómo se atreve? Ahora todo está arruinado y todo es por su culpa".

Por qué la autocompasión es importante para las relaciones sanas

Una idea equivocada muy conocida acerca de las relaciones satisfactorias es la idea de que necesitamos dar, dar y dar a nuestros compañeros más cercanos. La bondad y la empatía hacia los demás son partes importantes de toda relación, eso es cierto, pero es imperativo que nunca descuidemos nuestras propias necesidades. De hecho, una buena regla empírica es tratarte a ti mismo de la manera en que tratarías a un buen amigo. Nunca le pediríamos a una amiga que dé hasta que no tenga nada, así que nunca deberíamos pedirnos eso a nosotros mismos.

La autocompasión nos ayuda a recargarnos para que podamos continuar haciendo lo mejor para el mundo en el que vivimos. Cuando nos drenamos de energía, somos más propensos a la depresión, el mal humor o el agotamiento general. Nos despojamos de todo lo que necesitamos para seguir siendo buenos amigos. Indirectamente, la autocompasión también ayuda a las personas que nos importan.

Aquí están las maneras en que podemos mostrarnos autocompasión en nuestras relaciones diarias:

Habilidades Sociales

- Tus amigos quieren que te quedes hasta tarde para una gran noche, pero estás agotado del trabajo y no quieres ir. En lugar de forzarte a salir porque todo el mundo quiere que lo hagas, pon en primer lugar el autocuidado. Díselo a tus amigos: "Voy a dejar para otro día y me quedaré en casa a descansar. Estoy muy cansado, así que sé que lo entiendes. ¡Hagamos otra cosa pronto!"
- Estás con un grupo de personas que están compartiendo historias de sexo. Siempre has sido una persona más reservada y empiezas a sentirte incómoda con el tema. Cuando todos te miren expectantes, esperando una historia, no te sientas presionado. Sólo dilo: "Prefiero mantener esta parte de mi vida en privado, así que voy a pasar." O si estás con un grupo más cercano de amigos, no dudes en decirles: "No me siento cómodo compartiendo historias tan íntimas. ¿Podemos cambiar de tema?"
- Te encuentras con un amigo del que no eres muy amigo. Se entera de que rompiste con tu pareja y te presiona para que te cuentes todo lo que pasó, aunque no quieras hablar de ello. Sea amable con usted mismo y no ceda a la presión si eso le causa angustia. Díselo: "Aún no estoy listo para hablar de ello. Todavía es difícil de pensar, así que tendré que decírtelo en otro momento. Gracias por tu preocupación."
- Si un miembro de la familia dijo algo extremadamente doloroso y de repente quiere verte, sé compasivo contigo mismo y pregúntate si estás listo o si quieres hacerlo. Cuando alguien nos hace daño puede pasar un tiempo antes de que nos sintamos seguros a su alrededor de nuevo. Esto no es culpa nuestra, y siempre debemos asegurarnos de que estamos preparados para futuras interacciones.

Habilidades Sociales

Las relaciones sanas y profundas requieren que ambas partes sean atendidas. Para desarrollar conexiones más satisfactorias, asegúrese de que ambas partes obtengan lo que necesitan cada vez - ¡y sí, eso significa que usted también! Asegúrese de que se respeten los límites y de que siempre se logre el equilibrio.

Capítulo 7 - Situaciones difíciles y errores sociales

Tiene que suceder en algún momento. Desafortunadamente, es cuando menos te lo esperas. Crees que todo va a la perfección y sientes que eres tan suave como la miel, pero entonces sucede lo inesperado. Tal vez dices algo que no deberías haber dicho - un flub fácil o un no-no mayor - o tal vez las circunstancias están fuera de tu control, y un verdadero idiota sale de la nada, desbaratando todos tus movimientos bien jugados y haciéndote ver como un tonto.

No somos perfectos y tampoco lo es nadie más. Momentos incómodos sucederán y algunos de ellos serán dignos de ser recordados. Además de esto, hay mucha gente grosera, y nos vamos a encontrar con ellos nos guste o no. Para convertirse en un maestro de la conversación, es necesario que usted entienda cómo difundir una situación social difícil. Puede haber caminos rocosos adelante, así que es mejor prepararse.

Cómo hablar para salir de situaciones difíciles o incómodas

No te quedes sentado y te pongas rojo en la cara. Hay muchas maneras en que podemos usar el habla y la conversación para mitigar una conversación difícil. Le sorprenderá lo mucho que podemos lograr con estos consejos rápidos.

- **Ofendiste a alguien**

Hay muchas razones por las que usted podría encontrarse en esta difícil posición. Podrías haberte encontrado con alguien que era fácil de ofender, o tal vez, sólo tal vez, dijiste algo legítimamente terrible. El primer paso es siempre disculparse, lo quieras o no, y hacerles saber que no quisiste ofenderlos. El segundo paso depende de usted.

i) Insista en que eligió mal sus palabras y que no era lo que quería decir. Si puede, corrija lo que dijo con una redacción mejor y menos ofensiva. También puede atribuirlo a la falta de sueño o a la fatiga, y decirles que usted no es tan elocuente como normalmente lo es.

ii) Asumir la culpa, ser vulnerable y transferir el poder de usted a la otra parte. Por ejemplo, digamos que accidentalmente insultaste la forma en que tu amiga se vistió para una fiesta y ella está notablemente molesta. Aclare las cosas inmediatamente diciendo: "Lo siento. En realidad soy yo, no tú. Me siento muy cohibido con este traje, y tú te ves genial. Estoy un poco celoso, así que proyecté lo que siento sobre ti".

- **Alguien te insulta abiertamente**

Horrible, escandaloso, humillante; estas son algunas de las palabras que podrías usar para describir el momento en que alguien te insulta. Puede ser directa y directa, o muy implícita. De cualquier manera, es probable que te sacuda hasta la médula.

El primer paso es considerar si realmente nos han insultado. A menudo, podemos percibir las declaraciones brutalmente honestas como insultantes, pero en realidad se basan en una dura verdad que no queremos aceptar. Si encontramos que el insulto es más factual que no, entonces acepte lo que se está diciendo, discúlpese si es necesario y ajuste su comportamiento, teniendo en cuenta esta nueva retroalimentación.

También puedes darte cuenta de que el insulto fue real, y que una persona realmente atacó a tu personaje. En ese caso, puede seguir cualquiera de estos pasos:

i) Usar el humor para socavar y ridiculizar el insulto. Esto requiere cierta habilidad, pero cuando se hace correctamente, se puede ganar a toda una audiencia.

ii) Defenderse de una manera honesta y tranquila. Esto no significa defenderse. Si alguien te llama idiota por no saber algo, puedes responder diciendo: "No soy idiota. Nadie lo sabe todo y todos estamos aprendiendo aquí". Defendiéndote de una manera madura, saldrás de la situación en la cima.

iii) Dejar que se deslice, pero después sacarlo en privado. Si no eres rápido de pie, está bien no decir nada o reírte de ello por el momento. Más tarde, puede llevar a la persona a un lado y confrontarla sobre lo que dijo. Esta opción es más probable que obtenga una reacción significativa de la persona que lo insultó. Después del calor del momento, la gente a menudo se arrepiente de sus errores. Sea honesto acerca de lo innecesario e hiriente que fue ser insultado. Esta confrontación directa puede hacer que esta persona se disculpe.

- **Alguien trata de discutir contigo**

Cuando nos metemos en una conversación, la mayoría de la gente se esfuerza por mantenerla en armonía. Sin embargo, por muchas razones, es posible que encuentre a alguien con un enfoque argumentativo. Esto puede ser porque se sienten apasionadamente en contra de algo que usted dijo, o puede ser debido a su personalidad. Asumiendo que no tiene ningún interés en entrar en este argumento, puede seguir cualquiera de estos pasos:

i) Diga "Acordemos estar en desacuerdo". Desconéctese completamente de la acalorada discusión. Córtala antes de que empeore.

ii) Escuchar el punto de vista de la otra persona. Al final del día, la persona sólo quiere que veas su lado. Permítales que lo pongan al tanto, mientras dicen que usted ve su punto de vista. Reconozca que tienen puntos interesantes, pero evite mencionar su opinión. Poner en práctica sus habilidades de escucha es otra manera efectiva de evitar una discusión.

- **Alguien se te insinúa de forma odiosa.**

Las mujeres experimentan esto más a menudo que los hombres. Usted puede estar en cualquier lugar, en un autobús o en una fiesta, y alguien puede decidir hacer una jugada. A través del lenguaje corporal y la naturaleza de su discurso, usted entiende que no está interesado, pero el individuo coqueto no se mueve.

i) Dígales que paren. A veces se puede sentir que esto es lo peor que se puede hacer, pero por lo general es el método más efectivo. La otra persona no puede captar una indirecta, así que a veces no hay otra manera de decírselo abiertamente. No tiene que ser grosero si estás tratando de dejar salir a esta persona suavemente. Podrías decir: "Me estás haciendo sentir incómodo. Realmente no estoy interesado. He tratado de hacértelo saber discretamente, pero quizás no estoy siendo lo suficientemente claro."

ii) Mencione que tiene una pareja. En la conversación, deja que se te escape que tienes un novio o novia, o un esposo o esposa. Si puedes hablar de ellos, es más probable que te dejen en paz. Incluso puede hacer esto si no tiene una pareja; sólo esté preparado para responder a las preguntas que le hagan.

iii) Buscar la compañía de un tercero. Si estás en una reunión social, pídele a otra persona que se una a ti o que se disculpe para participar en una conversación diferente. No tengas miedo de decirle a otra persona (idealmente del mismo sexo que tú) que necesitas ayuda para deshacerte de un coqueteo odioso. La mayoría de la gente simpatiza contigo y trata de ayudar.

- **Necesitas romper con un novio o despedir a un empleado**

Estas son algunas de las conversaciones más difíciles de iniciar. Y sin embargo, dominar cómo hacerlo puede hacer una diferencia genuina en la vida de la persona rechazada. Un mal rechazo o fin de una relación puede bajar la autoestima de alguien, o empoderarlo para que crezca. Para asegurar que sea la segunda en lugar de la primera. Siga estos consejos.

i) Hacer el tiempo y hacerlo en persona. Aunque la situación es extremadamente incómoda para usted, sin duda, no se precipite en la charla y haga que la reunión sea lo más personal posible. Es más difícil para la otra persona que para ti, así que asegúrate de darle todo el cierre que necesite. Si no tienen un cierre, hay una mayor probabilidad de que se lo tomen mal y les resulte difícil seguir adelante.

ii) Cuénteles los temas con honestidad, pero también mencione su potencial. Siempre debemos ser bastante honestos sobre lo que no está funcionando. Si estás rompiendo con tu pareja porque sientes que no eres compatible, está bien que se lo digas. Pero asegúrese de mencionar también algo que no los haga sentir como un fracaso. Empoderarlos para que encuentren otro socio o empleador. Si usted se va a separar de ellos debido a un problema existente, deles consejos constructivos sobre cómo crecer. También esté preparado para la posibilidad de que también le den retroalimentación.

iii) Termine la conversación con una nota positiva. Puede que sea una ocasión triste e incómoda, pero no hay razón para que tenga que terminar con esa nota. Deséenles buena suerte en todos sus esfuerzos futuros. Dígales que está tan seguro de que encontrarán un trabajo o una pareja que sea adecuado para ellos, ¡muy pronto!

Lidiando con personalidades difíciles

No importa cuántas tácticas sociales tengas bajo la manga; cuando una persona difícil entra en juego, a veces puede estar decidida a arruinar el estado de ánimo o a calentar una conversación. Para un número de personas difíciles, es simplemente como son, pero es importante notar que para la mayoría de las personas, podría ser sólo un mal día o un período difícil en su vida. Aunque esto no excusa su comportamiento, debería animarnos a identificarnos con ellos y resistir el impulso de ser desagradables.

Antes de discutir los tipos específicos de personalidades difíciles, he aquí tres reglas generales para tener en cuenta:

- Considere cuál es su necesidad real. ¿Qué es lo que realmente quieren que no sepan cómo llegar de una manera saludable? Puede haber necesidades generales que son comunes a ciertos tipos de personalidad, pero a menudo pueden ser específicas del individuo.

- Mantenga la calma y escuche lo que dicen antes de responder.

- Tome el camino correcto y continúe tratándolos con respeto.

1. ElEgólatra

Losególatras tienen un sentido inflado de autoimportancia y de alguna manera la conversación siempre parece llevarnos de vuelta a lo grandiosos que son. Pueden ser abiertamenteególatras, hablando sin vergüenza de sus logros, pero a veces puede ser sutil. Muchos intentan parecer una persona normal, pero te darás cuenta de que no les importa lo que estás diciendo, y si lo hacen, pueden mostrar algo de competitividad. Para detectar a unególatra, busque a alguien con extrema confianza. Es probable que tengan un sentido de derecho que se manifiesta en una actitud de "Esto es tan injusto" sobre algo menor. Losególatras suelen estar solos, pero si no lo están, van acompañados de otrosególatras o de una pareja muy sumisa.

La verdadera necesidad: La mayoría de las veces, lo que puede aparecer como egomanía es en realidad una profunda inseguridad y una base emocional débil. En el fondo, sienten que hay algo que les falta, así que deben vencer este instinto visceral gritando sobre lo grandes que son. Si no lo hacen, tendrán que enfrentarse a sus verdaderos sentimientos sobre sí mismos, y son tan débiles que no pueden manejar esta realidad. Lo que realmente necesitan es reconocimiento, pero no sobre sus logros superficiales. En cambio, necesitan seguridad sobre sus cualidades más profundas. Tienen tanta inseguridad sobre su verdadero yo, que sobre compensan y se jactan de los otros aspectos de su vida que pueden controlar, como el auto que conducen, con quién se han acostado, o cuánto dinero ganan.

A veces, sin embargo, elególatra que has conocido es un sociópata. No sienten remordimiento ni empatía, y pueden ser extremadamente inteligentes. Estas personas no anhelan el reconocimiento, y su necesidad es simplemente dominar a los demás.

Solución: Un ególatra no puede aceptar bien la crítica y no es capaz de rendir cuentas, así que estaría perdiendo el tiempo tratando de obtener una disculpa. La mejor manera de tratar con ellos es no tomar en serio lo que dicen y evitar darles la adulación que desean. En las discusiones, sólo se tratan los hechos y nunca las emociones. Recuerde, a ellos no les importan sus emociones, sólo las suyas.

2. El matón

A nadie le gusta un matón y si te encuentras con uno, es probable que no seas la única persona que está tratando de luchar contra él. El intimidador disfruta avergonzando, humillando o señalando a las personas que lo rodean. Se emociona al ver a alguien con la guardia baja o sin palabras después de menospreciarlo. La mayoría de las veces, un intimidador sólo actúa de esta manera cuando está en un grupo. Uno a uno, puede que lo encuentres bastante inseguro y distante, pero no siempre. Los acosadores adultos pueden causar tanto daño como los acosadores infantiles, pero desafortunadamente, no se enfrentan tanto a su comportamiento; a los adultos no les gusta admitir que están tratando con un acosador.

La verdadera necesidad: Los intimidadores generalmente vienen de la vida hogareña donde ellos mismos fueron dominados o intimidados. Su comportamiento está arraigado en un sentimiento de no tener control o poder; es por eso por lo que buscan escenarios en los que puedan sentirse poderosos. Incluso si no tiene sus raíces en una vida hogareña traumática, la necesidad de todos los intimidadores es similar: sentirse poderoso y superior al agitar las emociones de alguien y hacer que se sienta inferior.

Solución: Los intimidadores disfrutan incitando una reacción en su objetivo, así que hagas lo que hagas, actúa con calma y evita ser reactivo. Manténgase fresco frente a su agresividad y pronto se darán cuenta de que no pueden obtener lo que quieren de usted. Dese cuenta de que se están comportando desde una necesidad inmadura e infantil, por lo que debe tratarla como tal. No les des el placer de sentir que dominan tus emociones. Si usted conoce bien a este bravucón, llámelo por su comportamiento y no deje que se salga con la suya.

3. La Víctima

No se equivoque, la víctima puede parecer una persona inofensiva y patética, pero puede hacer mucho daño, incluso sin darse cuenta. Las víctimas siempre se sienten perseguidas, como si estuvieran constantemente recibiendo el palo más corto. Pueden acusar a otros de tratarlos de manera diferente o de comportarse cruelmente con ellos, aunque no haya ocurrido tal cosa. A estas personas les encanta hablar de sus problemas personales. Son propensos a compartir mucha información en poco tiempo y pueden hacerlo durante períodos de tiempo prolongados. Si tratas de sacar a relucir tus propios problemas, ellos responderán con una actitud que diga: "Mi problema es mucho peor". Si una Víctima causa daño a otra persona, le cuesta trabajo hacerse responsable. Creen que no pueden herir a los demás, ya que son ellos los que realmente están sufriendo.

La verdadera necesidad: En algún momento de la vida de la Víctima, no obtuvieron la empatía o simpatía que necesitaban de una persona importante, como un padre. Durante algún acontecimiento de la vida, ellos fueron verdaderamente la víctima de la situación, pero nadie lo reconoció. Debido a que no consiguieron el cierre que necesitaban, continuaron llevando esta necesidad de compasión a otras áreas de su vida. Las Víctimas necesitan empatía, pero más que nada, también necesitan límites. Necesitan darse cuenta de que lo que les sucedió en el pasado está separado de lo que está sucediendo ahora.

Solución: Para evitar todo el drama de la Víctima, no les sigas la cuerda. Una vez que empiezan con sus problemas, es difícil para ellos dejar de hacerlo. En vez de eso, trate con ellos positivamente y deles lo opuesto de lo que quieren escuchar. Diga cosas como: "Lamento oír eso, pero es genial que al menos tuvieras amigos maravillosos que te ayudaran". Incluso si no están convencidos de tu positividad, les mostrará que no pueden arrastrarte a su agujero de autocompasión. Si conoces bien a la persona, dale límites. Por ejemplo, digamos que usted les escuchará quejarse durante cinco o diez minutos, pero después de eso, usted sólo está interesado en discutir soluciones a los problemas.

4. Los Nancy Negativos

Al igual que las víctimas, los individuos negativos pueden parecer buenas personas. Sin embargo, una vez que entres en una conversación más profunda, notarás una cosa: ¡explotan tanta negatividad! Son desconfiados y siempre ven el lado negativo de cada problema. Ellos lo desanimarán del menor riesgo, y usted puede dejar interacciones con ellos sintiéndose más preocupado, y mucho menos excitado.

La verdadera necesidad: Ante los ojos de la persona negativa ellos, no están siendo negativos, sólo realistas. Al ser negativos, intentan controlar la situación manteniéndose conscientes del peor escenario posible. En algún momento en el pasado, bajaron la guardia y ocurrió algo malo que estaba fuera de su control. Desde entonces, han necesitado sentir que tienen el control, así que siempre esperan el peor de los casos. Desafortunadamente, al hacer esto, tiende a convertirse en una profecía autocumplida.

Solución: Contrarresta su negatividad con positividad, pero recuerda que no es tu responsabilidad hacerlos felices. Muestre a la Nancy Negativa que sí tienen control sobre la creación de un resultado positivo. Y demuéstrales que infundir negatividad en cada situación puede realmente traer un resultado negativo. Considere la posibilidad de compartir algunas historias interesantes de su vida en las que se arriesgó y que resultaron en algo muy positivo.

5. Los Contrarios

Es normal tener una dosis de contrariedad en nosotros, pero los verdaderos contrarios la llevan al extremo. No importa lo que digas, aunque sea completamente razonable, el contrario siempre tomará el bando contrario. Les encanta debatir y no les importa lo que la gente piense de ellos. A menudo, incluso hacen de abogado del diablo, adoptando una opinión impopular, sólo para provocar un buen argumento. Cualquiera que ame el debate puede llevarse bien con un oponente, pero aun así, el desafío constante puede ser agotador.

La verdadera necesidad: Las necesidades de los contrarios pueden variar. A veces, el individuo realmente quiere aparecer como una persona única - alguien que se destaca entre la multitud. Otras veces puede provenir de una genuina desconfianza hacia la autoridad; por lo tanto, cualquiera que sea la opinión principal, inmediatamente esperan algo sospechoso detrás de ella. Cuando se enfrentan a una autoridad percibida, es una rebelión y un intento de sentirse superiores. A veces sienten que están haciendo lo correcto, pero otras veces es puramente para satisfacer su propio ego. Si ellos pueden poseerte en un argumento, entonces en su mente, han afirmado su superioridad sobre alguna fuerza de autoridad.

Solución: Los contrarios son algunas de las personalidades más probables para empezar a discutir. La mejor manera de evitarlo es concentrarse en encontrar un terreno común con ellos. Dado que son tan apasionados por ciertos temas, un enfoque de "pongámonos de acuerdo en desacuerdo" puede que no siempre funcione. En este caso, intente adoptar un enfoque de escucha. En lugar de discutir, pregúnteles acerca de sus opiniones y pídales que se lo expliquen más a fondo. No puede convertirse en un argumento si no introduces tu opinión en el asunto.

Si usted discute con un adversario, apéguese a los hechos. No se frustre ni se sienta abrumado por la emoción, ya que algunos contrarios disfrutan de esto. Otra manera de evitar un debate es hacer que el adversario le diga primero su opinión. De esa manera sabrás cómo estar de acuerdo con ellos y evitar una discusión.

¿Cuándo está bien mentir?

A todos nos dicen que mentir es malo, pero no siempre es tan simple. Nunca debemos mentir para manipular o engañar, pero hay muchas ocasiones en las que mentir puede ser útil o beneficioso. Si no está seguro de si está bien mentir en una situación en particular, hágase estas preguntas. Cuantas más veces respondas "sí", más probable es que *no debas mentir*.

- Si miento, ¿prolongaré una situación que es perjudicial para alguien?

- Si miento, ¿estoy permitiendo que alguien se haga ilusiones malsanas?

- Si miento, ¿me salvaré de un peligro potencial?

- Si digo la verdad, ¿bajaré su autoestima?

- Si digo la verdad, ¿heriré los sentimientos de alguien por algo de lo que no tiene control?

Capítulo 8 - Uso de la conversación para obtener lo que desea

Un mensaje corto del Autor:

¡Hey! Hemos llegado al capítulo final del audiolibro y espero que lo hayan disfrutado hasta ahora.

Si aún no lo has hecho, estaría muy agradecido si pudieras tomarte un minuto para dejar una revisión rápida de Audible, ¡incluso si se trata de una o dos frases!

Muchos lectores y oyentes no saben lo difíciles que son las críticas y lo mucho que ayudan a un autor.

Para ello, sólo tienes que hacer clic en los 3 puntos de la esquina superior derecha de la pantalla dentro de la aplicación Audible y pulsar el botón "Rate and Review".

A continuación, se le llevará a la página de "evaluación y revisión", donde podrá introducir su clasificación por estrellas y luego escribir una o dos frases.

¡Es así de simple!

Espero con interés leer su reseña, ya que yo personalmente leo cada una de ellas.

Estoy muy agradecido ya que su revisión realmente marca una diferencia para mí.

Ahora volvamos a la programación programada.

Los mejores conversadores están constantemente usando palabras para usarlas a su manera. Puede ser algo tan menor como convencer a un amigo de que salga contigo o tan importante como convencer a tu jefe de que necesitas un aumento masivo. Y si no lo estás haciendo, lo más probable es que te lo hayan hecho a ti. La parte más loca es que ni siquiera vas a ser consciente de las tácticas más exitosas contra ti. Los conversadores más persuasivos pueden pasar desapercibidos como un gato negro en la oscuridad.

Como hemos demostrado, nunca se trata sólo de lo que dices, sino también de cómo te comportas. Su comportamiento sentará las bases para sus palabras e influirá fuertemente en cómo se manifiestan. Por eso, en el campo de la persuasión, también debemos comenzar con tácticas de comportamiento.

Maneras sutiles de demostrar dominio

Mostrar dominio real no se trata sólo de actuar como un idiota o actuar con arrogancia. De hecho, si te presentas como una persona desagradable, sólo estás mostrando un comportamiento agresivo. Esto no requiere ninguna habilidad y no es un método sostenible de tomar o mantener el poder. Estás jugando con la necesidad de todos de defenderse contra la violencia acorralándolos y haciéndoles sentir que no tienen otra opción. La verdadera dominación, por otro lado, se logra haciendo que otros sigan su ejemplo voluntariamente.

Si dos personas, iguales en experiencia y habilidad, son entrevistadas para el mismo trabajo, el comportamiento dominante puede hacer que una de las partes parezca más competente. Por qué? Es mucho más de lo que se ve en el papel. Una persona que muestra un comportamiento dominante muestra habilidades potenciales de liderazgo y el gran ganador, la confianza. Presenta la ilusión de que su competencia es más fuerte que la de la otra persona, aunque no sea verdad. Incluso fuera del ámbito profesional, el comportamiento dominante hace que sea más probable que la gente te escuche y aumenta tu nivel de atractivo para el sexo opuesto.

Dicho esto, no necesitas convertirte en un alfa total para tener éxito, sólo necesitas tener en cuenta algunos de estos consejos para cuando se revele el escenario correcto.

1. Haz tu cuerpo más grande

La psicología detrás de este signo de dominación tiene sus raíces en nuestra naturaleza animalista. En el reino animal, muchas bestias muestran la grandeza de su tamaño para intimidar a los otros contendientes. El que parece mayor gana por defecto, sin necesidad de incitar a la violencia. Los humanos también pueden hacer esto para afirmar con éxito su dominio. Para que su cuerpo se vea grande, abra el pecho, manténgase erguido, y si no se ve antinatural, ponga las manos en las caderas. Además de lo anterior, las mujeres también pueden demostrar dominio usando zapatos de tacón alto.

2. Caminar por el centro de la habitación

Cuando se encuentra en una habitación abarrotada, las personas tienden a hacer su cuerpo más pequeño y a moverse a través de cualquier lado de la habitación que tenga más espacio. En lugar de adaptarse a la habitación, trate de hacer que la habitación se adapte a usted. Camine por el medio de la habitación, incluso si hay una multitud, y espere que la gente se aparte de su camino. La mayoría de la gente quiere evitar tropezar con alguien, así que se moverán si usted se niega a hacerlo.

3. Sentarse en la cabecera de la mesa

La persona que se sienta en la cabecera de la mesa lo supervisa todo. Pueden vigilar a cualquiera, y ocupan el único asiento que no comparte su nivel con nadie más. La próxima vez que estés con un grupo, siéntate en ese asiento dominante.

4. Usar gestos con las manos y tocar

Para hacer valer su dominio, haga buen uso de sus manos. Asegúrese de iniciar un apretón de manos extendiendo la mano primero. Entonces recuerde, para sacudir con firmeza. Mientras habla, use sus manos de manera expresiva, pero mantenga sus muñecas fuertes y nunca cojeando. Los individuos dominantes también tocan a otras personas, aunque no las conozcan muy bien. Esto no es sexual. Esto puede ser un golpe amigable en el hombro, una bofetada en la rodilla, o tal vez incluso una mano colocada en la espalda seguida de una declaración directiva como: "Vamos a conseguirte otro trago".

5. Hablar con una voz más fuerte

Los estudios han demostrado que la voz más alta del grupo se considera la más dominante. Aunque hablen menos que otros, hará que todos los demás se detengan debido a su volumen. Use los pulmones y el diafragma para lograr una voz más fuerte. Al intentarlo, no grites ni grites mientras estás en conversación, ya que esto sólo alarmará y posiblemente ahuyentará a las personas que te rodean.

También es muy importante asegurarse de que su voz nunca se eleva en tono cuando usted conversa. Cuando estamos en presencia de alguien que sentimos que es superior, nuestras voces se vuelven inmediatamente más agudas de lo normal. Mantenga su voz en su tono normal en todo momento para evitar parecer sumiso.

Ahora que tenemos nuestro comportamiento bajo control, hagamos un vaivén.

Técnicas de persuasión para todas las situaciones

1. Enmarcar

Cuando se trata de balancear a la gente en una dirección de su elección, el arte de enmarcar es un clásico. Cuando enmarcamos algo, destacamos los atributos que mejor ayuden a nuestro argumento, mientras prestamos menos atención o incluso ocultamos sus factores menos atractivos.

Digamos que estás tratando de convencer a un amigo tuyo de que se vaya de vacaciones contigo y tu familia. Para ayudar a su argumento, usted debe mencionar la hermosa ubicación, las actividades divertidas, las lujosas habitaciones de hotel, los atractivos locales, etc. Y debes evitar hablar largo y tendido sobre tu molesta tía Margaret y el hecho de que estará muy concurrida durante la temporada turística. Si tu amigo ya sospecha los riesgos, entonces reconócelos, pero enfatiza los aspectos que ayudarán a tu argumento.

2. La escalera del sí

Esta técnica psicológica ha demostrado tener éxito en obtener una respuesta afirmativa cuando se usa correctamente. El primer paso es pensar en la gran pregunta a la que necesita una respuesta positiva. Una vez que haya determinado qué es esto, empiece a pensar en preguntas más pequeñas y relevantes que tengan más probabilidades de obtener una respuesta afirmativa. Poco a poco se abrirá camino a través de las preguntas fáciles, antes de terminar con la gran pregunta.

Por ejemplo, digamos que usted está tratando de convencer a su familia para que se vaya de vacaciones, pero usted sabe que son reacios a dejar su rutina normal. Comenzarías con preguntas como: "¿Alguna vez has sentido que hay tanto en el mundo que aún no has visto?" y "¿Estás de acuerdo en que la vida es más satisfactoria cuando estás tomando riesgos y experimentando algo nuevo? Podrías decir:"¿Alguna vez has sentido que estás desperdiciando tu vida jugando a lo seguro?" Lo más probable es que digan que sí a todas estas preguntas. Una vez que haya extraído todas las respuestas "sí", su gran pregunta tiene una probabilidad mucho mayor de éxito. Finalmente, te preguntas, "¿Quizás es hora, entonces, de ir de vacaciones y finalmente tener algunas experiencias nuevas?

3. La petición irrazonable

Si la escalera de la respuesta afirmativa no es la adecuada, ¿por qué no intentar lo contrario? En lugar de hacer una gran pregunta, comience con una pregunta irrazonable. Es importante asegurarse, sin embargo, de que usted no quiere esta petición irrazonable. Estás esperando que la otra persona diga que no a esto para que cuando finalmente llegues a tu petición más pequeña, parezca mucho más razonable. Por ejemplo, digamos que le estás pidiendo a alguien que haga una donación a tu organización benéfica. Empieza diciendo:"¿Te interesaría hacer una donación de $200?" Cuando sacuden la cabeza y dicen que no, por fin puedes decir: "Entendemos". En ese caso, ¿qué tal una donación de 10 dólares?"

4. Hay que destacar los beneficios

Para convencer eficazmente a alguien de un curso de acción, usted debe considerar los beneficios que experimentará. Nunca asuma que la gente hará algo simplemente por la bondad de sus corazones, especialmente si usted no es un amigo o pariente cercano. Cuando estés tratando de persuadir a alguien, realmente enfatiza los beneficios que recibirá si está de acuerdo con lo que estás diciendo. Esto funciona en todas las situaciones. Si hay una razón por la que son reacios, muéstreles cómo uno de los beneficios les ayudará a resolver ese problema. Si está tratando de convencer a un compañero de trabajo para que almuerce con usted, pero está demasiado ocupado haciendo toques de última hora en un proyecto, no se limite a enfatizar lo buena que será la comida. Sea específico con sus beneficios. Por ejemplo, se podría decir que probablemente trabajará mucho más eficientemente una vez que coma algo de buena comida.

5. Acelerar o ralentizar el habla

Una regla de persuasión conocida es que si es más probable que la audiencia esté en desacuerdo con lo que usted está diciendo, aumente la velocidad a la que usted está hablando. Vemos esto mucho en los vendedores, que hablan más rápido para que la persona con la que hablan se sienta abrumada por la información. Esto les da menos tiempo para notar cosas que pueden ser incorrectas y es menos probable que formen un contraargumento.

Si usted piensa que las probabilidades están a su favor, lo contrario será beneficioso. Reduzca la velocidad de su discurso si cree que existe una gran posibilidad de que su público esté de acuerdo con usted. Esto asegurará que los demás se sientan más satisfechos con su decisión. Si les das tiempo para evaluar toda la información que has presentado, sentirán como si hubieran llegado a la conclusión por su cuenta. No se sentirán como si estuvieran sujetos a tácticas de persuasión, y esto los hará más felices con su decisión.

Tres trucos para seducir a alguien a través de la conversación

En primer lugar, aclaremos una cosa. Si alguien no tiene ninguna atracción hacia ti, esta sección no puede cambiar las cosas. De hecho, te será difícil encontrar algo que pueda. Sin embargo, puede convertir un poco de atracción en mucha atracción. Si hay algo ahí, se puede mejorar con estos consejos.

1. Fraccionamiento

El fraccionamiento es una herramienta de programación neurolingüística y sus intenciones originales no eran de seducción. De hecho, se utilizó para mejorar el estado de hipnosis de un paciente durante la hipnoterapia. A pesar de ser controversial, que: funciona. Se trata de utilizar una dinámica caliente-luego fría donde el deseo se eleva a través de un refuerzo intermitente.

Es fácil utilizar este método de seducción de una manera poco ética, pero no aconsejamos recurrir a un comportamiento abusivo. En su lugar, considere las muchas maneras éticas en que podemos usar el fraccionamiento para despertar el deseo.

- Incorpore temas de conversación calientes y luego fríos. Durante una conversación ordinaria, tendemos a empezar con una conversación alegre. Y si queremos prolongar la interacción, a menudo se profundiza hasta que está en su estado más intenso, y ambas partes experimentan algún nivel de agotamiento. Cuando usamos el fraccionamiento, vamos y venimos entre temas de intensidad y temas que son más informales. Depende de ti con cuál empiezas, pero siempre debes hacer que la transición sea natural. Pasen de las bromas informales a la discusión acerca de sus familias, a las bromas alegres acerca de los programas de televisión, a los rompecorazones, y así sucesivamente.

Asegúrese de que los temas serios pongan en juego sus sentimientos, y los temas alegres deben ser objetivos o humorísticos. Esta montaña rusa de estados de ánimo intensificará el sentimiento de intimidad. La otra persona sentirá que ha compartido todo con usted, y usted se ganará su confianza.

- Haga declaraciones de empujar y tirar. Al hacer declaraciones que empujan y tiran de un compañero, es importante mantener a ambos lados iguales. Demasiado empuje, y pensarán que eres una persona mala o simplemente no interesada. Demasiado tirón, y pensarán que eres necesitado y pegajoso. Las declaraciones de "empujar y tirar" le permiten expresar sus sentimientos sin abrumar a nadie. Cuando se hacen bien, pueden despertar el interés y aumentar el deseo.

Para formular la declaración ideal para su situación, elija un aspecto de su personalidad que complemente (no componga una buena cualidad - realmente elija una que ella encarne) y dé vuelta a una respuesta convencional en su cabeza. Por ejemplo, podrías decir: "Odio lo increíble que eres con la guitarra. Es un golpe para mi ego". También es importante entregar esta línea con humor y forma juguetona, para que la perciban como positiva en lugar de negativa. Otro ejemplo de tal afirmación es: "Te vistes tan bien que estoy empezando a pensar que no deberías ser visto conmigo". Cualquier cosa que decidas decir, asegúrate de que no parezca un insulto.

2. Insinuación

En pocas palabras, la insinuación es el acto de plantar un pensamiento o una idea en la cabeza de alguien. En lugar de forzar una dirección, simplemente dejas que esta semilla cuidadosamente plantada crezca por sí sola. Cuando usamos la insinuación para seducir, permitimos que el objeto de nuestro deseo vea rápidamente lo que tenemos en mente.

- Toca a una persona con brevedad, especialmente cuando no se lo espera. Aconsejamos hacer esto en una parte del cuerpo que está obligada a enviar un hormigueo a su columna vertebral, aunque uno debe permanecer lejos de todas las regiones privadas. Ponga una mano en la parte inferior de la espalda, frote afectuosamente el hombro de alguien o agarre suavemente justo por encima de la rodilla.
- Realice ocasionalmente una mirada seductora, especialmente mientras mantiene una conversación alegre. Use sus ojos para comunicar cómo se siente realmente, mientras sus palabras permanecen en la zona segura.
- Utilice dobles sentidos inteligentes. La palabra clave aquí es "inteligente". La mayoría de las personas no responden bien a las insinuaciones sexuales vulgares,

pero un doble sentido bien situado, en el momento justo, puede hacer que un amante potencial se mueva. No tiene que ser sexual, puede ser simplemente romántico. Un doble sentido es cualquier afirmación que pueda tener dos significados. Si te refieres a tu carrera, podrías meterte en la fila: "Soy el tipo de hombre que va tras lo que quiere y no lo suelta". Esto cuenta como un doble sentido, ya que también se podría hablar de actividades románticas. Si lo acompañas con una mirada, puedes hacer que la otra persona se desmaye. Un doble sentido sexual es un poco más arriesgado, pero si lees bien las señales, esto podría aumentar la presión en tu cita.

3. Pausas

Sabes todo sobre la tensión sexual, ¿no? Cuando no podemos tener a alguien exactamente cuándo lo queremos (y el sentimiento es mutuo), nuestro sentido del deseo crece y crece, hasta que se sale de la carta. Como hemos demostrado, el suspenso aumenta todas las emociones. Y esta es exactamente la razón por la que una pausa oportuna y bien colocada puede ser muy poderosa. Aquí hay algunos ejemplos de cuándo una pausa puede ser efectiva.

- En un gran cumplido. Antes de concluir el cumplido, inserte una pausa que puede ir acompañada de una mirada o una sonrisa tímida. Digamos que estás elogiando tu enamoramiento actual. Podrías decir: "Te ves.... impresionante". Esta pausa hace que el cumplido parezca mucho más reflexivo y genuino, como si realmente lo hubieras pensado, en lugar de simplemente soltarlo.

- En una declaración vulnerable. Si estás discutiendo o explicando algo en el reino de los sentimientos, añade una pausa antes de la parte más reveladora de tu frase. Esto aumentará la intimidad y la vulnerabilidad de la situación. Si estás en una cita prometedora, podrías decir: "Siento que esto va muy bien". Pausa. "¿Sientes lo mismo?"

Seis consejos altamente efectivos para negociaciones exitosas

Las negociaciones suelen realizarse con nuestros empleadores o gerentes, pero no se limitan al ámbito profesional. Cuando somos jóvenes, podemos negociar con nuestros padres, y una vez que seamos mayores, podemos negociar con nuestras parejas. La señal de una negociación exitosa es que ambas partes se van satisfechas. La meta de alguien se alcanza y el otro lado no se siente menos por ello. La otra parte puede incluso sentir que es lo mejor. Para asegurarse de que sus negociaciones futuras le proporcionen a usted y a las personas en su vida los máximos beneficios, tenga en cuenta estos consejos.

1. Haga del tiempo su aliado

Preste mucha atención al estado de ánimo con el que se encuentra la persona con la que está negociando. El tiempo puede hacer toda la diferencia entre un trato exitoso y uno que falla la marca. Si usted trata de negociar con alguien que se apresura a ir a otra cita, que acaba de escuchar malas noticias o que acaba de terminar una discusión acalorada con otra persona, es muy probable que no obtenga la respuesta que desea.

2. No utilice un lenguaje sumiso o débil

Cuando te encuentras en esta situación con un superior, puede ser tentador utilizar un lenguaje sumiso para suavizar tu petición. Antes de empezar a negociar, puede que quieras decir "Odio pedirte esto, pero..." o "Espero que esto no sea demasiado, pero..." para que no parezca tan exigente. Esto puede debilitar su petición. Si el negociador contrario tiene una racha de arrogancia, puede incluso usar su renuncia en su contra y actuar de manera más agresiva. No les den forraje para hacer eso. Sea seguro y asertivo, sabiendo su valor total. Evite actuar con sumisión, pero también evite actuar con derecho. Encontrar un equilibrio entre los dos.

3. Compartir información honesta

Cuando usted se encuentra en esta situación, especialmente en un entorno profesional, puede ser fácil sentir que debe ser protegido. Esto no es verdad. Ser honesto con su empleador u otra figura de autoridad puede ayudarlo en su caso. Por ejemplo, si usted necesita un aumento porque siente que no está recibiendo lo que vale la pena, y quizás ha empezado a tener problemas financieros, esto puede darle a su jefe más incentivos para que le dé lo que usted quiere.

4. Siempre tenga una primera oferta en mente

Estás en una posición vulnerable, así que es natural que te estremezcas al hacer la primera oferta. Usted también puede pensar que es prudente sentir la situación antes de que se emitan los números. Los estudios han demostrado, sin embargo, que los que hacen la primera oferta se acercan más a su objetivo. Si está buscando un aumento, es más probable que obtenga su salario objetivo si tiene una oferta en mente. Esto se debe a que la primera oferta es en lo que giran las negociaciones. En vez de inclinarse hacia la oferta de su empleador, ellos se inclinarán hacia la suya. La primera oferta anclará la situación, así que asegúrate de que sea tuya.

5. Sea valiente con su oferta

Asegúrese de que su oferta no sea demasiado baja. La gente a menudo tiene miedo de pedir demasiado, pero los estudios han demostrado que es más probable que usted tenga una baja probabilidad. Reflexione sobre cuál es su resultado ideal y no se sienta obligado a jugar a lo seguro.

6. Considere lo que ganarían si dijeran "sí".

No puedes entrar en una habitación y hacer demandas. A menos que la otra parte tenga algo que ganar al satisfacer sus demandas, usted puede despedirse de su cooperación. Antes de negociar, considere el alcance de sus ganancias para averiguar cuánto podrá pedir. Esta ganancia puede ser cualquier cosa, desde recibir un mejor rendimiento o esfuerzo de su parte. O tal vez el beneficio es mantenerte en vez de perderte.

No rehúyas usar la conversación para conseguir lo que quieres. La realidad es que todo el mundo lo está haciendo. ¿Y adivina qué? Probablemente tú también lo eres, sólo que inconscientemente. Cuando actuamos subconscientemente, nuestras acciones no están bajo nuestro control y puede ocurrir cualquier cosa. Tome el control ahora y comience a obtener los resultados que desea.

Conclusión

¡Felicitaciones por llegar al final de *Conversation Skills 2.0*! Deberías estar orgulloso de ti mismo y de tus nuevas habilidades. Las interacciones sociales pueden parecer complejas y abrumadoras, pero el nuevo conocimiento que ha adquirido le ha colocado a usted por delante del resto.

No es tan complicado una vez que lo rompes, ¿verdad? Haría bien en recordar las tres grandes recompensas que todos buscamos en nuestras conexiones humanas: seguridad, significado y expansión. Para obtener los mejores resultados, haz que tus nuevos conocidos sientan que pueden confiar en ti, que los aprecias y que tienes la capacidad de expandir sus horizontes de alguna manera, aunque sea a través del humor y el entretenimiento. Todo se basa en estas tres grandes necesidades. Trata de satisfacerlos siempre.

Has aprendido a mostrar un comportamiento agradable y a darte una ventaja en todas las conversaciones en curso. En poco tiempo, estarás iluminando una habitación y atrayendo conexiones como nunca. También ha ganado las herramientas para encender interacciones interesantes, construir magnetismo y desarrollar relaciones más profundas con conexiones nuevas y existentes. Y además de todo esto, te has preparado para escenarios sociales difíciles y has aprendido técnicas de persuasión para una variedad de escenarios sociales.

Recuerde que todo comienza con usted. Aprenda a amarse a sí mismo, a ser fiel a lo que es y a abrazar sus cualidades únicas. Cuando nos sentimos cómodos con lo que somos, dejamos entrar a otros y tenemos más que ofrecerles en nuestras conversaciones diarias. Haga lo que sea necesario para reponer su autoestima y fácilmente se mantendrá en lo más alto en sus interacciones sociales.

Otra enseñanza que quiero que tenga es esta: los seres humanos no son tan difíciles como creen que son. No se acerque a ellos con vacilación o miedo. Son más parecidos a usted de lo que te imagina, simplemente han acumulado diferentes capas.

Todos podemos ser comparados con cofres de tesoros cerrados, llenos de todo tipo de cosas curiosas y fascinantes. Acércate a otros humanos de la misma manera que lo harías con un cofre del tesoro cerrado; tómate el tiempo para encontrar la llave correcta y no te desanimes si no funciona. Con paciencia, amabilidad, apertura y respeto, trate de experimentar con diferentes maneras de abrir esta caja. Lo que se encuentra dentro podría ser una gran recompensa.

Los seres humanos son animales sociales, por lo que cuando dominamos las habilidades de conversación, las conexiones se amplifican y la autosatisfacción se convierte en la nueva norma. ¿No es una realidad que te gustaría ver?

Comunicación En Las Relaciones

Errores que cada pareja comete y cómo arreglarlos

Descubre cómo resolver cualquier conflicto con tu pareja y crear una relación más profunda

Comunicación En Las Relaciones

Tabla de Contenidos

Introducción 127
Capítulo Uno - Relaciones 101 130
    Las Necesidades Vitales que Toda Relación Debe Cumplir . 131

    Las cinco etapas de una relación..136

Capítulo Dos - El Diagnóstico 143
    6 Grandes Signos Usted y su Pareja Necesitan Comunicarse Mejor...143

    Las razones por las que no nos comunicamos.....................145

    Los 10 errores de comunicación que no sabes que estás cometiendo..147

Capítulo Tres - Hábitos para la Felicidad............. 153
    9 Hábitos de comunicación que salvan las relaciones..........154

    Todo Sobre la Regla 80/20 159

    Medición de la felicidad con la proporción de la relación mágica..159

    Deja de enloquecerte por estos 6"problemas" 161

Capítulo Cuatro - El amor en todos los sentidos ... 166
    Todo lo que necesitas saber sobre Love Languages 167

    Cómo utilizar la comunicación no verbal en su beneficio 170

    Maneras menos conocidas pero poderosas de mostrarle amor a su pareja 172

Capítulo Cinco - Descodificación de su pareja 177
    Comprender las necesidades particulares de su pareja........ 180

    5 Cosas Absolutamente Esenciales que Hacer Cuando Su Pareja Ha Experimentado un Trauma......................................184

Capítulo seis - Todo es sobre ti 189
    Cómo convertirse instantáneamente en una mejor pareja ..190

    Entendiendo su estilo de apego a la relación........................ 195

Consejos imprescindibles para iniciar una nueva relación cuando se tiene un historial de malas relaciones 198

Capítulo Siete - La bomba de tiempo que hace tictac 204

Cuándo pulsar el botón de pausa o de parada 205

Cómo plantear sus inquietudes de la manera correcta........ 209

5 Declaraciones para Desactivar Instantáneamente una Discusión acalorada... 212

Qué NO decir durante una discusión 213

9 Problemas de relación que no se pueden arreglar 215

Capítulo Ocho - Profundización del vínculo 221

Ejercicios y actividades que fortalecen las relaciones.......... 223

Bond al instante con estas 8 divertidas actividades de pareja 229

Conclusión 234

Introducción

¿Recuerdas la primera vez que viste a tu pareja? Puede que no haya sido amor a primera vista, y quizás ni siquiera a segunda vista, pero estoy dispuesto a apostar en una cosa: pensaste que ganarles sería el mayor reto. Deseabas tanto conseguir esa fecha y cuando finalmente la conseguiste, te preguntaste qué podías hacer para que realmente les gustaras. Ahora, meses o años después, justo cuando pensabas que todo iba a ser fácil, te das cuenta de que el rompecabezas sólo se vuelve más confuso. Ahora, te das cuenta de que ganártelos fue la parte fácil. ¿Coexistiendo felizmente? Eso es una cifra totalmente diferente.

La comunicación era simple cuando todo eran cosas dulces y el conocerse unos a otros. Ahora que estás más cerca, hay diferentes cosas en tu mente. Usted tiene preocupaciones, tiene necesidades insatisfechas y ha notado otras maneras en las que le gustaría mejorar su relación. Lo más probable es que tu pareja sienta exactamente lo mismo.

El problema es que estas preocupaciones nunca son fáciles de expresar. Si se hace incorrectamente, podría herir los sentimientos de su pareja y causar daños irreparables. Y sin embargo, si no te expresas, puedes explotar, causando daños irreparables. Te sientes un poco acorralado, ¿no? No te culpo.

Su mente probablemente está girando con un millón de preguntas como: "¿Cómo puedo comunicarme con mi pareja de la manera más efectiva posible? ¿Cómo puedo mantener mi felicidad así como la de él o ella? ¿Y cómo puedo hacer todo esto sin agotarme completamente?"

Comunicación En Las Relaciones

Incluso si ya tienes una buena comunicación, ¿por qué parar ahí? Apunta a las estrellas. Su relación se lo merece.

Los estudios han demostrado que la mala comunicación es una de las principales razones por las que una relación fracasa. Muchas de esas relaciones podrían haberse salvado si hubieran tenido esta guía en sus vidas. Una relación terminada por una mala comunicación es una relación que podría haberse salvado. Todos podemos aprender a comunicarnos mejor, sin importar cuán tímidos o ineficaces seamos ahora. Todo lo que necesitamos son las herramientas y la motivación adecuadas. El hecho de que estés aquí ahora demuestra que hay muchas posibilidades de que ya tengas la motivación. Bien por ti. Ahora todo lo que necesita es el asesoramiento de un experto. Ahí es donde entro yo.

He pasado años clave de mi vida estudiando la forma en que los humanos interactúan entre sí - cómo usar cada gesto o mirada como una clave para los verdaderos sentimientos e intenciones de una persona. He prestado mucha atención a la forma en que los individuos se comunican y he desvelado los secretos de lo que tiene éxito y de lo que inevitablemente falla. Al mantenerme en sintonía con las necesidades de los demás, he descubierto trucos poco conocidos que pueden cambiar instantáneamente una dinámica tensa por una dinámica abierta y amorosa. He ganado mi experiencia al estar consciente de lo que funciona y lo que no funciona. He visto cómo las relaciones se deterioran a causa de frases mal redactadas, y he visto a las parejas reavivar su amor con sólo unas pocas palabras. He probado mis métodos en parejas al borde del abismo y las he visto florecer en su mejor forma. Incluso hoy en día, las parejas con las que he trabajado siguen agradeciéndome. Verás, una vez que tengas las herramientas, estarás listo de por vida.

Comunicación En Las Relaciones

Con mi ayuda, usted y su pareja están un paso más cerca de la fantasía que ambos comparten - la de poder decirse cualquier cosa el uno al otro y resolver absolutamente cualquier problema juntos. Puede que no sepas que compartes esta fantasía, pero lo sabes. Cuando la comunicación es tensa, ambos miembros de la pareja desean desesperadamente que mejore. Puedes pensar que no se dan cuenta, pero créeme, se dan cuenta tanto como tú. Con mi ayuda, harás que la comunicación sea la nueva norma. Empezarás un nuevo capítulo donde podrás mirar atrás y pensar:"¡No puedo creer lo lejos que hemos llegado!" Este libro te fortalecerá a ti y a tu pareja como equipo. ¿Y quieres saber algo más? Un gran equipo puede hacer absolutamente cualquier cosa juntos.

No deje pasar esta oportunidad de crecimiento. He conocido a muchas parejas que expresan un profundo pesar cuando saben que no se esforzaron tanto como podrían haberlo hecho. Siguen siendo perseguidos por los tiempos en que se les ofrecían buenos consejos y decían: "Tal vez más tarde". La verdad es que cuanto más esperas para hacer estos cambios, más te atascas en tus viejas costumbres. Cuanto más tiempo se comunique con su pareja de manera incorrecta (o no se comunique en absoluto), más daño y tensión acumula su relación.

Escoge el amor y elige a tu pareja, diciendo"sí" a una mejor comunicación en las relaciones. Su nuevo y feliz futuro juntos está tan cerca - ¡comienza en la siguiente página! Entonces, ¿a qué estás esperando?

Capítulo Uno - Relaciones 101

Si hay un tema que domina la música, la literatura, el cine, lo que sea, es sin duda alguna nuestras relaciones románticas. ¿Alguna vez te has preguntado por qué es esto? El amor romántico ciertamente no es la emoción más fuerte que sentimos, y los nuevos padres argumentan que ni siquiera es la forma más fuerte de amor. Entonces, ¿por qué seguimos escribiendo y haciendo arte sobre ello? La respuesta es simple: es porque todavía no lo entendemos.

El romance y las relaciones son algunos de los aspectos más desconcertantes de nuestras vidas. Los sentimientos de atracción pueden llegar inesperadamente, causando confusión y apoderándose de nuestras mentes racionales. A veces tenemos estos sentimientos cuando no tiene sentido sentirlos. Arrastrados por nuevos y ardientes romances, las personas pueden comportarse de manera diferente a su verdadero yo y perder de vista su mejor juicio. Y cuando entramos en relaciones, entramos en un nuevo reino de confusión emocional.

Hay una pequeña paradoja, ¿no? Llegamos a conocer muy bien a nuestros seres queridos y, al mismo tiempo, nos damos cuenta de lo mucho que no sabemos. Ellos son las personas que mejor conocemos y, sin embargo, también pueden ser los mayores misterios. Podemos conocer sus respuestas emocionales, sus hábitos, sus tics, pero rara vez sabemos *por qué* son así. Una mejor comunicación es la manera de eliminar esta distancia.

Antes de sumergirnos, hagamos una breve pausa y recordemos algo profundamente importante: dos mitades forman un todo.

Para que una relación tenga éxito, dos individuos necesitan mantener su lado de la ecuación. Esto no significa sólo tomar turnos para lavar los platos o dividir la cuenta. Significa hacer el auto-trabajo para ser una mejor pareja. Significa reflexionar sobre sus necesidades y deseos, su comportamiento y considerar cómo ser mejor cuando se enfrenta a sus disfunciones.

Así que vamos al primer paso. ¿Recuerdas cuando hablamos de reflexionar sobre nuestras necesidades? Antes de que podamos empezar a comunicar nuestras necesidades y deseos, primero debemos saber cuáles son nuestras necesidades básicas.

Las Necesidades Vitales que Toda Relación Debe Cumplir

Por complicadas que parezcan las relaciones, nuestras necesidades básicas son bastante fáciles de categorizar. Para que una relación prospere, hay cinco necesidades básicas pero muy importantes que deben ser satisfechas por ambos miembros de la pareja. Tenga en cuenta que estas necesidades básicas no son las únicas que tenemos, sino que son las que todos compartimos. Cada individuo tiene necesidades únicas, dependiendo de su personalidad y experiencias.

Usted puede encontrar ciertas personalidades que tienen una mayor tolerancia a la falta de una de estas necesidades. Por ejemplo, ¿alguna vez has conocido a una pareja aburrida que parecía estar bien, a pesar de su falta de variedad? ¿O una pareja que se estimulaba intelectualmente, pero que no tenía una verdadera conexión emocional? Muchas parejas pueden hacer que funcione sin tener en cuenta las cinco necesidades. Pero las grandes preguntas siguen siendo: ¿son realmente felices? ¿No podrían estar más contentos?

La necesidad de sentir y estar seguro

Sin esta necesidad, una relación no es nada. Es el más básico de los cinco y se refiere a nuestra profunda necesidad de sentirnos emocionalmente, físicamente y psicológicamente intactos. . Sentir una falta de seguridad podría indicar algunos tipos de problemas: nuestro bienestar físico está amenazado o estamos siendo abusados emocionalmente.. Todo se reduce a que uno de los miembros de la pareja se sienta herido y anticipe que volverá a sufrir, a veces haciendo grandes esfuerzos para evitarlo.

Muchas personas no se dan cuenta de que esta necesidad no ha sido satisfecha porque piensan que el abuso es siempre intencional. Esto no es cierto en absoluto. Muchas parejas no se dan cuenta de que están usando tácticas emocionalmente abusivas como la iluminación de gases o la manipulación. Pueden tener estas respuestas conectadas a su cerebro sin darse cuenta del daño que causan.

Cuando su necesidad de sentirse seguro no está siendo satisfecha....

Sientes que no puedes ser vulnerable cerca de tu pareja. Temes que te hagan daño verbal o físicamente si las cosas no salen como ellos quieren. Te preocupa que en lugar de ser recibido con amor, te encuentres con más dolor o angustia. Constantemente piensas en cómo van a reaccionar en respuesta a algo que haces o dices; esto te impide expresar lo que necesitas expresar. Temes que si eres honesto sobre cómo te sientes, serás despedido, burlado, o podrías incitar a la ira. Usted tiene la clara sensación de que si comparte sus necesidades, recibirá una respuesta negativa.

La Necesidad de Sentirse Significativo

Vamos a aclarar un error: la seguridad y el significado no son lo mismo.. Usted puede tener total confianza de que su pareja no le hará daño, pero ¿es esto suficiente para sentirse valorado y especial? No debería serlo. Darle seguridad a alguien es decencia común, pero mostrarle que es importante es un acto de amor. Cuando nuestra pareja nos hace sentir significativos y especiales, nos sentimos bien con nosotros mismos y nos sentimos abrumados por el calor, sabiendo que todo lo que les damos es apreciado. Sentimos que el amor que damos está siendo recibido, y no sólo drenando a través de un pozo sin fondo. Esto, a su vez, nos anima a mostrar aún más amor.

Una persona que ha sido engañada es un ejemplo de alguien que ha visto comprometida su necesidad de importancia. No hay peor manera de mostrarle a alguien que no es especial que involucrándose con otra persona a sus espaldas.

Cuando nos peleamos, podemos seguir demostrando a nuestras parejas que son especiales al disculparnos cuando hacemos algo mal. Esto demuestra que consideramos sus sentimientos, tratamos de ver su punto de vista, y estamos tratando de compensar nuestras malas acciones. Demuestre a su pareja amor y aprecio. De lo contrario, ¿cuál es el punto?

Haga que su pareja se sienta significativa mostrándoles amor y respondiendo a sus gestos de amor con aprecio y afecto.

Cuando su necesidad de sentirse importante no está siendo satisfecha....

Te encuentras preocupado por la infidelidad de tu pareja o por si realmente te quieren. Usted puede comenzar a sentirse desechable, como si su pareja no lo viera realmente por lo que es. No te sientes particularmente especial en la vida de tu pareja. Sientes que sirves a una función, y no mucho más que eso. Te sientes abrumado por la sensación de que les has dado todo, pero de alguna manera no es suficiente.

La necesidad de variedad

Cuando llegamos a conocer a alguien extremadamente bien, nuestras vidas comienzan a convertirse en una rutina. Esto es algo normal, y desafortunadamente, el aburrimiento que surge de ello también es normal. Para mantener una relación saludable y que ambos miembros de la pareja estén contentos, es vital que cambiemos las cosas de vez en cuando. Los estudios han demostrado que nos sentimos más cerca de nuestra pareja cuando participamos juntos en actividades estimulantes.

Esto podría significar cualquier cosa: salir a cenar en lugar de cocinar, inscribirse en una actividad divertida en lugar de quedarse en casa, o incluso hacer algo nuevo en el dormitorio. Sea lo que sea que forme parte de su rutina normal, haga algo completamente diferente.

Cuando ambos miembros de la pareja tienen una vida laboral o familiar ocupada, una rutina es inevitable. Pero está completamente dentro de tu poder asegurarse de que no se vuelva aburrido. Enciende el fuego añadiendo un poco más de aventura!

Cuando su necesidad de variedad no está siendo satisfecha....

Usted ya no se siente tan emocionado por su pareja como antes. Se siente como si estuvieras atascado en un bucle. Se siente como si su vida juntos fuera sólo una serie de tareas que necesitan ser terminadas. Ha pasado un tiempo desde que experimentaron una emoción o un apuro juntos. Una parte de ustedes anhela sentir lo que sintieron al principio de su relación.

La Necesidad de la Conexión Emocional

Si una relación va a ser a largo plazo, la intimidad emocional es profundamente importante. Para mantener cualquier relación cercana en nuestras vidas, necesitamos hacer tiempo para conectarnos y permitirnos relacionarnos los unos con los otros. A veces esto puede resultar muy fácil para dos personas, pero también es completamente normal que algunas parejas tengan que esforzarse un poco más. Esto no significa que estén menos hechos el uno para el otro. Las diferencias culturales, de origen o de personalidad pueden ser factores que contribuyen a que dos personas sean más reticentes. Comience por compartir algo honesto y vulnerable, e invite a su pareja a compartir algo similar.

Cuando su necesidad de conexión emocional no está siendo satisfecha....

Su pareja a veces parece un misterio y a veces parece que usted no los conoce realmente. Tienes la sensación de que no te entienden, y tú también encuentras sus acciones desconcertantes y confusas. Pasas mucho tiempo preguntándote sobre ellos y por qué hacen lo que hacen. Usted también puede sentir que hay algo que ellos necesitan decir, pero se están resistiendo a decirlo. También sientes el impulso de compartir y abrirte, pero nunca hay tiempo suficiente. Todo se barre en otro momento.

La necesidad de expansión personal

Si su relación marca las cuatro casillas anteriores, bien por usted. Tienes una buena relación en tu vida. ¿Quieres saber cómo mejorarlo? Darse mutuamente oportunidades de expansión. En otras palabras, ayúdense mutuamente a crecer. La expansión personal puede venir en muchas formas, pero esencialmente, satisfacemos esta necesidad sintiendo que hemos aprendido algo o que estamos aprendiendo algo unos de otros.

En una relación sana, ambos miembros de la pareja se animan mutuamente a ser las mejores versiones de sí mismos. No se muestran complacientes con los objetivos o logros de su pareja y, desde luego, no se menosprecian mutuamente. Déle a su pareja retroalimentación positiva, gentil y crítica constructiva.

Otra forma de satisfacer esta necesidad es estimulando intelectualmente a nuestra pareja. Entra en una discusión y enséñense cosas nuevas el uno al otro. Expandir las mentes de los demás. Lo creas o no, todo esto se reduce a nuestra necesidad biológica de procrear para una mayor evolución. Queremos encontrar una persona con la que podamos colaborar de verdad; alguien que aporte cualidades evolucionadas a la mesa o que evolucione con nosotros.

Cuando su necesidad de expansión personal no está siendo satisfecha....

Su pareja le hace sentir estancado. A veces hasta te preguntas si te están reteniendo de lo que realmente podrías lograr. No te inspiran de ninguna manera. Cuando usted entra en discusiones, no siempre se siente como si estuviera en la misma página. A menudo te aburres o te confundes con lo que dicen. Usted no cree que su pareja sea muy sabia o muy inteligente.

Las cinco etapas de una relación

Después de estudiar cientos de parejas diferentes, la conocida asesora de relaciones, la Dra. Susan Campbell, notó algo interesante: al igual que los seres humanos, las relaciones tienen sus propias vidas, formadas por cinco etapas diferentes. Cada etapa tiene sus propios patrones distintos y con un poco de autoconciencia, todas las parejas podrán identificar dónde está exactamente su relación.

Sin embargo, a diferencia de los seres humanos, cada etapa varía en duración de una pareja a otra. Y no todas las parejas tienen la suerte de aprender las lecciones de cada una de las etapas, especialmente la más difícil de todas, la segunda. Para asegurarte a ti y a tu pareja a través de estos niveles con amor, confianza y gracia, es mejor que te informes sobre lo que son.

ETAPA UNO: Romance y Atracción

De todas las etapas, ésta es la que probablemente conozcas más. Las películas de Hollywood han convencido a mucha gente de que la primera etapa es como son las relaciones todo el tiempo - pero esto no podría estar más lejos de la verdad. En este punto temprano en la relación, ambos miembros de la pareja están completamente enamorados el uno del otro. Todavía vemos a través de gafas de color rosa, sólo viendo los aspectos positivos de nuestra pareja, mientras que en la negación de sus rasgos negativos. Aquí, todavía no vemos a nuestra pareja exactamente como son.

Sus cinco necesidades están suspendidas en esta etapa porque es menos probable que nos demos cuenta si no se están satisfaciendo. Es más probable que nos encogamos de hombros y le demos a nuestra pareja el beneficio de la duda porque la relación es tan nueva. Estamos muy satisfechos en esta etapa, eligiendo ver lo que queremos ver.

La duración de esta etapa varía mucho. Algunas parejas progresan al siguiente nivel después de tan sólo dos meses y para algunas parejas afortunadas, puede durar hasta dos años -

pero rara vez más que eso. La primera etapa generalmente dura hasta que deciden declarar algún tipo de permanencia. Para algunas personas, aquí es cuando deciden empezar a salir exclusivamente, y para otras, puede ser que se muden juntos. La forma en que se percibe la permanencia varía de persona a persona.

ETAPA DOS: Desilusión y lucha

Después de la euforia y el ajetreo de la primera etapa, avanzamos a la parte más difícil de nuestra relación. Es la primera vez que se quitan las gafas de color rosa. Finalmente comenzamos a ver a nuestra pareja y a nuestra relación como son, y la decepción comenzará a filtrarse. Uno o ambos miembros de la pareja comenzarán a anhelar cómo eran las cosas al principio de la relación. Aquí es donde entra en juego el equilibrio: ¿cómo podemos mantener nuestra libertad personal a la vez que somos un?

Es importante recordar que pasar por esto es completamente normal. Debido a que los medios de comunicación nos han dado una idea tan poco realista del amor, tendemos a sacar conclusiones en la segunda etapa. Tan pronto como nos encontremos con estos problemas, pensamos que la relación debe estar condenada al fracaso. Te lo diré ahora: ¡la mayoría de los problemas que ocurren en esta etapa *pueden* ser solucionados!

Para avanzar a la siguiente etapa, es crucial que las parejas aprendan a hacerlo:

- Aceptaos los unos a los otros por lo que son y no por lo que quieren que sean.
- Llegar a un acuerdo sobre los comportamientos y hábitos que crean tensión en la relación.

- Adquirir herramientas y estrategias para la autotransformación positiva.
- Comuníquese honesta, amable y constructivamente.
- Acepta el cambio y deja de tratar de luchar contra él.

De repente, nuestras necesidades entran en juego. Si no se satisface una necesidad, aquí es donde empezamos a sentir que algo anda mal. Y si somos conscientes de nosotros mismos, sabremos exactamente cuál es esta necesidad. Resolver las necesidades insatisfechas ahora es la clave para satisfacerlas a largo plazo.

La mayoría de los divorcios y rupturas ocurren durante este período. Puede durar meses o incluso años. Las parejas pueden estar juntas durante mucho tiempo y permanecer atascadas en esta etapa, infelices hasta que finalmente deciden separarse. Los individuos son evaluados en esta etapa. La forma en que decidamos actuar y tratarnos determinará el curso que tome nuestra relación. Si rechazamos las lecciones que debemos aprender, estos problemas pueden volver a surgir en la próxima relación.

TERCERA ETAPA: Estabilidad y respeto mutuo

Si superas la tormenta, felicitaciones. Hay más paz y armonía en la tercera etapa. Aquí, las relaciones han madurado a lo grande y ambas partes, se den cuenta o no, son mejores versiones de sí mismas. Se utilizan estrategias y se respetan los compromisos. En lugar de tratar desesperadamente de cambiar a su pareja, usted se concentra en lo que está bajo su control. Usemos un ejemplo:

En la segunda etapa, Sam y Diane se peleaban constantemente. Diane llegaba a casa del trabajo y lo veía tumbado frente al sofá, viendo programas de televisión violentos y con una variedad de comida chatarra esparcida sobre la mesa de café.

Esta era su rutina después del trabajo. Sam quería relajarse y sentirse como en casa, pero Diane quería que las cosas fueran más limpias y organizadas. En sus peleas, Sam llamó a Diane demasiado estricta y controladora, y ella lo llamó un vago desordenado.

En la <u>tercera etapa</u>, Sam y Diane han aceptado las diferentes necesidades del otro. Diane ahora entiende que es la forma de Sam de des estresarse del trabajo. Sam también entiende que Diane necesita ver un ambiente limpio y tranquilo para desestresarse de su propio trabajo. ¿La solución? Algunas noches, Sam puede relajarse como quiera, pero baja el volumen del televisor para que Diane pueda usar una aplicación de meditación en la habitación de al lado. Otras noches, Diane puede leer en paz y tranquilidad, mientras Sam ve sus programas de televisión con auriculares en la habitación de al lado. Y en noches especiales, verán un programa que ambos quieren ver y comerán bocadillos que ambos disfrutan. Si hay algo que les moleste, lo sacarán a relucir con suavidad y amabilidad, sin sacrificar a la otra persona.

En la tercera etapa, usted ha decidido comprometerse y ahora se está adaptando a la vida con estos nuevos cambios implementados. Por fin empiezas a entender qué es lo que hace una buena pareja.

Ya no ven los compromisos como una violación de su libertad personal, sino que los ven como oportunidades de cooperación. Todos los conflictos que surgen se tratan con madurez.

Las necesidades de conexión emocional y crecimiento personal probablemente estén bien satisfechas durante esta etapa. Para evitar aburrirse y estancarse, asegúrese de que haya una buena dosis de variedad.

CUARTA ETAPA: Amor y Compromiso

Aquí, el amor está completamente formado. Todas nuestras acciones explican nuestro compromiso con nuestro ser querido. No sólo se han aceptado el uno al otro y han aprendido a comprometerse, sino que han aceptado su vida juntos como *su vida*. Esto no siempre significa matrimonio, pero es aquí donde dos parejas están realmente listas para el matrimonio. En la tercera etapa, aceptamos la idiosincrasia de nuestra pareja, pero en la cuarta etapa, amamos y abrazamos estas diferencias.

Las parejas seguirán experimentando tensión y conflicto en esta etapa, pero esto suele ser circunstancial o incitado por los nuevos acontecimientos de la vida. Aquí ya han elaborado una dinámica para las situaciones que conocen bien, pero inevitablemente surgen situaciones para las que no están preparados.

Por ejemplo, Sam y Diane ya no tienen discusiones acaloradas sobre cómo comportarse en casa. Sin embargo, una noche en una cena, Sam contó una historia sobre Diane que realmente la avergonzó. Él pensó que sería gracioso, pero ella argumentó que era demasiado personal. Conflictos como este pueden surgir a veces, pero usando las herramientas que han aprendido en la Etapa Dos, pueden llegar a una resolución.

En esta etapa, es importante que las parejas se aseguren de que se satisfagan sus necesidades de variedad y conexión emocional. El compromiso se ha solidificado y a veces esto puede significar que la rutina ha comenzado a controlar su vida.

ETAPA CINCO: Simbiosis y Compartir

Comunicación En Las Relaciones

Cuando llegamos a la etapa final de nuestra relación, ya no somos insulares y contenidos. Aquí, empezamos a trabajar juntos para devolver algo al mundo. Una vez que se ha construido un cimiento fuerte, es natural querer construir hacia arriba y hacia afuera.

Esto puede significar hijos, pero no para todas las parejas. También puede significar iniciar un proyecto o negocio. Usted sabe que una pareja está en esta etapa cuando tienen una cualidad de dar, casi paternal, o simplemente parecen hacer *las cosas* juntos. Es lo opuesto de dos jóvenes tortolitos que se encierran en una habitación y no hablan con nadie; una pareja sólida quiere compartir con el mundo de alguna forma. Están dispuestos a colaborar de todas las maneras posibles.

Capítulo Dos - El Diagnóstico

Piensa en la última vez que fuiste al médico. No importa para qué era, si era grave o completamente leve, cada vez que ha tenido que ser encuestado para un diagnóstico. Antes de llegar a una solución o de que se administre un tratamiento, se deben anotar y analizar los síntomas. No importa cuán potente sea el medicamento; si es para tratar una dolencia que no tienes, no arreglará lo que realmente está mal contigo.

Este mismo principio se aplica aquí. Usted puede leer sobre consejos para una buena relación, pero no todos serán útiles para su situación específica. Si quieres mejorar tu relación, vas a necesitar ser realista acerca de cuáles son los problemas. El siguiente capítulo se centrará en identificar los puntos problemáticos de su relación. Sea honesto consigo mismo. Las señales están ahí, sólo tienes que notarlas.

6 Grandes Signos Usted y su Pareja Necesitan Comunicarse Mejor

1. Hablas de tu pareja más de lo que hablas con ellos

Es completamente normal hablar de nuestra relación con nuestros amigos y familiares, especialmente cuando necesitamos consejo, pero considera esta importante pregunta: ¿alguna vez compartes estos mismos temas directamente con tu pareja? ¿Cuánto pesan más sus comunicaciones *sobre* su pareja que sus comunicaciones *con* ellos?

2. Se ha vuelto irritable con su pareja o viceversa.

En un momento de su relación, parecía que su pareja podía hacer cualquier cosa y usted dejaba que se le escapara. Pero ahora, se necesita mucho menos para perder la paciencia con ellos. Te encuentras a ti mismo irritado por pequeñas cosas que nunca antes te habían molestado. Esta es una señal clave de que una de sus necesidades no está siendo satisfecha, y una señal de advertencia de que necesita abrirse al respecto antes de que usted se quiebre. Sea honesto con usted mismo y considere la verdadera razón detrás de su baja tolerancia.

3. Te encuentras a ti mismo preguntándote qué es lo que tu pareja está sintiendo realmente

Nunca debemos sentir que nuestra pareja es un misterio total. Si con frecuencia te encuentras tratando de entender a tu pareja como si fuera un rompecabezas complicado, entonces hay mucho que necesita ser aclarado entre ustedes dos. En una relación saludable con una gran comunicación, estamos en la misma página que nuestras parejas el 99% del tiempo.

4. Usted y/o su pareja son propensos a obstaculizar el proceso.

Cuando una de las partes se cierra, se niega a ser vulnerable y a cooperar, esto se llama bloqueo. Esto va más allá del tratamiento silencioso. Alguien que te está dando evasivas seguirá hablándote, pero tendrás la sensación de que tiene la guardia alta. No están siendo reales e incluso pueden estar jugando. Una persona que tiene miedo no está comunicando algo que necesita ser compartido. ¿Por qué otra razón tendrían una reacción tan fuerte a ser vulnerables?

5. **Evitas ciertos temas y sientes como si estuvieras caminando sobre cáscaras de huevo.**

A veces hay más de un elefante en la habitación. A veces puede incluso sentirse más como un mamut. ¿Se siente la habitación llena de palabras sin pronunciar? ¿Se nota la tensión? Esta es una gran señal de que la relación está luchando con la comunicación abierta. Por alguna razón, ninguna de las partes se siente cómoda diciendo lo que hay que decir. Y lo más probable es que esto no sea lo único por lo que luchan por decir.

6. **Uno o ambos miembros de la pareja están siendo pasivo-agresivos**

La agresión pasiva es una gran señal de que hay algo por decir.. Ocurre cuando alguien no quiere ser odioso o abiertamente agresivo, por lo que trata de ventilar sus quejas sin ser completamente sincero. No están siendo realmente honestos, están tratando de hablar de ello sin *realmente* hablar de ello. El sarcasmo es otra forma de agresión pasiva cuando se usa de una manera desagradable. Cuando no podemos comunicarnos directamente, encontramos formas más indirectas de dar a conocer nuestros sentimientos.

Las razones por las que no nos comunicamos

Conocer la razón detrás de la mala comunicación no nos dará las herramientas que necesitamos, pero nos mostrará por dónde empezar a trabajar. ¿Cómo podemos esperar llegar a algún lado si no sabemos por dónde empezar?

- **Uno o ambos miembros de la pareja tienen problemas para ser vulnerables**

Esta es una razón común por la que la gente no se comunica y es un obstáculo que se puede superar con la práctica. Hay muchas razones extremadamente válidas por las que alguien puede tener problemas para ser vulnerable. A veces hay una historia de abuso, diferencias culturales, una educación opresiva, o tal vez es sólo la personalidad de esa persona.

- **Tienes miedo de que te critiquen.**

Cuando estamos en una relación con una persona altamente crítica, esto puede afectar nuestra capacidad de ser abiertos con ella. Es menos probable que seamos honestos porque estaremos constantemente pensando en cómo reaccionarán a nuestros pensamientos honestos. Incluso si es algo que no les molesta en absoluto, podemos anticipar en exceso esta reacción por ansiedad.

- **No te das cuenta de que hay algo que tienes que decir**

A muchas personas en el mundo se les ha enseñado a vivir con una actitud de "levantarse y seguir adelante". Si bien esta es una gran manera de abordar los problemas de la vida, puede hacer que la comunicación sufra en una relación. Por qué? Porque esta actitud nos lleva al hábito de tragarnos nuestro dolor y angustia, sin reconocerlo. Tratamos de suprimir estos sentimientos y al hacerlo, nos volvemos menos conscientes de cómo nos sentimos realmente. Así que cuando hay algo que necesitamos desesperadamente plantear a nuestra pareja, es posible que no seamos conscientes de lo que realmente es. Esto puede resultar en un comportamiento muy ambiguo y pasivo-agresivo.

- **Sus vidas se han vuelto muy ocupadas**

Cuando estamos ocupados, no sólo no nos comunicamos porque literalmente tenemos menos tiempo para hablar. Tener menos tiempo con nuestra pareja significa que también empezamos a perder el sentido de la intimidad.. Cuando nos sentimos distantes de nuestras parejas, es menos probable que queramos compartir algo personal con ellas.

- **Uno de ustedes está guardando un secreto**

Es una posibilidad que no nos gusta considerar, pero sigue siendo una potencialidad para cualquier pareja. Cuando tenemos algo que ocultar, puede afectar a la comunicación en su conjunto. Subconsciente o completamente consciente, la pareja con el secreto comienza a mantener su distancia, sabiendo que es la única manera de proteger su secreto. A menudo, su pareja también sentirá que algo está mal, lo que sólo conduce a una mayor distancia e incluso a una peor comunicación. Este secreto no es siempre una traición como la infidelidad.

- **Te estás aferrando al resentimiento**

Cuando nuestra pareja guarda rencor, deja de permitirse conectarse con su pareja. El rencor puede ser por algo tonto o algo enorme, pero siempre tiene el mismo efecto. El resentimiento es tan fuerte que casi puede sentirse como una tercera entidad en la relación. Incluso si verbalizamos que hemos perdonado a nuestra pareja, mientras haya una pizca de resentimiento, este perdón no está del todo presente. Cuando guardamos rencor en secreto o no tan en secreto, la comunicación puede sentirse tensa o completamente inexistente. El compañero en el extremo receptor sentirá que hay una pared que no puede pasar.

Los 10 errores de comunicación que no sabes que estás cometiendo

Otro paso de principiante para mejorar la comunicación en las relaciones es ver qué es lo que está impidiendo el progreso.

Antes de que podamos siquiera pensar en remedios y soluciones, necesitamos identificar qué conducta es absolutamente necesaria. Es hora de ser honesto contigo mismo.

1. Te niegas a ser responsable de nada

Cuando nos enfrentamos a una situación que nos angustia, es difícil de aceptar que hayamos desempeñado un papel importante para que esto ocurriera. Pero la dura realidad es que normalmente lo hacemos. Cuando estamos en una relación, es vital que aprendamos a tomar responsabilidad por nuestra parte en una situación. Las disculpas no significan nada si no hay responsabilidad para respaldarlo. Cuando aprendemos a reconocer nuestras acciones, creamos un espacio seguro de honestidad, vulnerabilidad y amabilidad en nuestra relación. Refuerza la idea de que son un equipo. Sí, ambos jugaron un papel en la creación de una circunstancia desfavorable, pero lo más importante es que ambos pueden trabajar juntos para prevenirla en el futuro. No trate a su pareja como el villano; trátela como a un miembro de su equipo.

2. Estás descartando los sentimientos de tu pareja

He aquí un secreto que probablemente ya conozcas: a veces vas a pensar que los sentimientos de tu pareja son ridículos. A veces, usted no los entenderá en absoluto y puede tener el impulso de simplemente alejarse. Sin embargo, es importante recalcar que *nunca* debe alejarse o encogerse de hombros. Descartar los sentimientos de su pareja puede causar mucho daño. Usted necesita entender que aunque no signifique nada para usted, podría estar causando mucho dolor a su pareja. Cuando desestimas los sentimientos de tu pareja, les dices que no te importa cómo se sienten. Esto puede crear un dolor aún más profundo para ellos y arruinar la comunicación en su relación.

3. Está usando lenguaje áspero o abusivo

Usted podría estar diciendo algo completamente razonable, pero si está usando un lenguaje abusivo o insultándolo para demostrar su punto de vista, usted y su pareja se están haciendo un flaco favor. Cuando utilizamos un lenguaje abusivo para transmitir un mensaje, es mucho menos probable que sea escuchado. Nadie quiere que lo regañen como a un niño o que lo hagan sentir como a un fracasado. El lenguaje y el tono que usamos deben animar a nuestra pareja a hacerlo mejor, no avergonzarla por lo que ha hecho. Tan pronto como hacemos esto, hacemos más probable que nuestras parejas actúen por miedo, en lugar de por empoderamiento y amor. Este tipo de comportamiento puede arruinar una relación y, en algunos casos, puede incluso traumatizar a la persona que la recibe. Es esencial arreglar este comportamiento tan pronto como surja.

4. Estás gritando y gritando

Si usted está levantando la voz o gritándole a su pareja, está matando todas las posibilidades de verle cara a cara. Al igual que el uso de lenguaje abusivo, esta es la manera incorrecta de transmitir un mensaje. No importa cuán racional sea ese mensaje o cuánta razón tengas; cuando gritas y gritas, haces que tu mensaje sea menos poderoso. La entrega de su mensaje debe animar a su pareja a cooperar con usted, no a acobardarse de miedo. Cuando actuamos con agresividad, aumentamos la probabilidad de que nuestra pareja reaccione a la defensiva. En cuanto lo hagamos, entraremos en modo de combate. Nada se resuelve cuando estamos en modo de combate.

5. Siempre cedes y te disculpas

No siempre se trata de ser demasiado agresivo, también se puede ser demasiado sumiso. Si te encuentras constantemente de acuerdo y disculpándote aunque no hayas hecho nada malo, estás tomando la salida fácil. Es cierto que debemos escoger nuestras batallas y a veces es más importante tragarnos nuestro ego en lugar de discutir, pero esto no debería ser algo común. Si te encuentras constantemente con el mismo problema con tu pareja, es hora de dejar de dar marcha atrás tan fácilmente. Si usted continúa asumiendo la culpa, el problema nunca se resolverá porque usted no es la persona que lo está causando. Por el bien de la relación, usted necesita decirle a su pareja cómo están creando la situación en cuestión. Ayúdelos a ver la oportunidad de mejorar las cosas.

6. No piensas antes de hablar

Tirar palabras como "siempre" o "nunca" cuando no se quiere decir literalmente, a veces puede ser perjudicial para la situación en cuestión. Por ejemplo, si le dices a tu pareja, "Siempre estás lloriqueando" o "Nunca me ayudas con nada", es probable que no sea una afirmación exacta. Si no es literalmente cierto, puede parecer doloroso porque estás exagerando el problema. Es esencial que se atenga a los hechos cuando plantee un problema y se mantenga alejado del lenguaje que señala con el dedo.

7. Estás siendo *demasiado* honesto.

Siempre escuchamos que nunca debemos ocultarle nada a nuestra pareja, pero eso no es del todo cierto. Es posible ser *demasiado* honesto y puede causar mucho daño. Como regla general, generalmente es una buena idea ser honesto sobre algo que *hiciste,* pero no siempre es necesario decirles todo lo que *piensas*. Si estás planeando almorzar con un ex, deberías ser absolutamente honesto sobre esto. Pero, ¿debería decirle a su pareja que encuentra atractiva a una de sus amigas? Definitivamente no. Este tipo de honestidad puede herir los sentimientos de alguien.

8. No te permites ser vulnerable

Es normal sentir cierta resistencia a ser vulnerable. Después de todo, estamos dando a alguien información muy personal y es natural que queramos protegernos. Pero para que una relación sea saludable, es vital que aprendamos a ser vulnerables con nuestra pareja. Todo esto significa que necesitamos compartir cómo nos sentimos de una manera honesta y abierta. Significa mostrar un lado de nosotros mismos que normalmente no mostramos a nadie. Para lograr un verdadero sentido de intimidad, necesitamos dejar entrar a la gente. Evite comunicarse enigmáticamente o usar el sarcasmo y el humor en situaciones serias.

9. ¿Esperas que tu compañero te lea la mente

Esta es una razón común por la que la gente se enoja entre sí y es fácil de prevenir. La frustración proviene de la idea de que nuestra pareja debe *saber* cuando algo anda mal, y deben *saber* qué hacer para solucionarlo. Esto no es justo para tu pareja. Por supuesto, sus emociones y necesidades le parecen obvias. Después de todo, ¡tú eres el que los siente! Hay muchas razones por las que su pareja no se daría cuenta y la mayoría de ellas no valen la pena. El hecho es que cuando no esperas que alguien tenga una cierta reacción, es menos probable que notes las señales. Así que dale un respiro a tu pareja y sé honesto. Una vez que elimine el problema, puede empezar a trabajar en las soluciones.

10. Atacas a tu pareja y no el problema

Cuando nuestros seres queridos hacen algo que nos molesta, puede ser tentador empezar a atacar su carácter, pero nunca debemos hacerlo. Digamos que se olvidaron por completo de recoger los comestibles de camino a casa desde el trabajo. Tan enloquecedor como esto puede ser, no digas: "Eres tan olvidadizo. ¡Te olvidas de todo!" Incluso si tienen tendencia a olvidar, siempre enfóquese en el tema en cuestión. En lugar de llamarlos olvidadizos, mencione lo que realmente está incitando su enojo en esta situación específica, es decir, olvidarse de los comestibles. Considere la posibilidad de decir algo como: "Realmente me gustaría que te esforzaras más por recordar estos importantes recados. Me sentiría mucho mejor si pudiéramos compartir la tarea de recoger los comestibles." Incluso puede ofrecer una solución como crear un recordatorio telefónico. También podrías rendir cuentas y añadir: "Debí haberte enviado un mensaje de texto para recordártelo. Sé que tienes muchas cosas en la cabeza después del trabajo". Cuando atacamos el carácter de nuestro compañero, esto es un desprecio. Puede hacer que se sientan mal consigo mismos y esto no ayuda a crear una solución.

¿Cuántos de estos problemas y signos ha reconocido en su relación? Cuanto más resuene, más desesperadamente su relación necesita una mejor comunicación. Y no se preocupe, la mayor parte de esto es completamente solucionable!

Capítulo Tres - Hábitos para la Felicidad

El poder de los pasos de bebé está muy infravalorado. Sólo piénsalo: nuestras vidas no están hechas de grandes logros y destinos finales. Está hecho de las luchas más pequeñas, el trabajo diario, y las pequeñas victorias que se acumulan en grandes victorias.

Una de las principales maneras en que nos preparamos para el fracaso es centrándonos en el resultado final y no en los pequeños pasos que nos llevan allí. Por ejemplo, podemos decir que queremos perder peso, pero en lugar de crear metas alcanzables paso a paso como "Come un postre una vez a la semana" o "Come una ensalada cada día", crearemos metas grandes como "Pierde 5 libras en una semana" sin un solo método para ayudarnos a progresar.

El secreto para lograr cualquier cosa es éste: crear buenos hábitos que apoyen su objetivo. ¿Quieres una comunicación fantástica en tu relación? Probablemente no va a ser excelente de inmediato. Y el progreso será lento si no planeas pasos más pequeños y alcanzables. Si desea una mejor comunicación, tendrá que crear mejores hábitos de comunicación. Comienza con la implementación de una técnica, luego otra, y aprendiendo a hacer de estas nuevas herramientas parte de su rutina. Para tener éxito, necesitas reinventar tus normas.

9 Hábitos de comunicación que salvan las relaciones

1. Check-in con cada uno todos los días

Este acto es tan simple, pero tan poderoso. Por lo menos una vez al día, obtenga información actualizada sobre cómo le está yendo a su pareja. Esto no siempre significa preguntar "¿Cómo estás?", también puede significar preguntar cómo les fue el día cuando se vieron después del trabajo. Si recuerda que su pareja mencionó una reunión difícil, pregunte cómo le fue en esa reunión. Al hacer esto, demostramos a nuestra pareja que nos importa y que estamos escuchando.

2. Aprender a usar las afirmaciones "I feel/It feel" (Yo siento/Ello siente)

Cuando empiezas una declaración con "I feel", convierte una declaración potencialmente acusadora o asuncionista en algo más suave. Para obtener el mejor resultado posible en cualquier situación, especialmente cuando nuestra pareja se encuentra en un estado de ternura, las declaraciones de "siento" son la mejor manera de comunicarse con ellos. Note la diferencia entre estas dos afirmaciones:

- "No me estás escuchando. No has oído nada de lo que he dicho".
- "Siento como si no me estuvieras escuchando. Parece que no has oído nada de lo que he dicho".

Cambia el énfasis de "tú" a "yo". Note cómo esto hace que algo que podría ser interpretado como acusatorio o agresivo de repente se convierta en una observación honesta. No le estás diciendo a tu pareja cómo actuaron; estás enfatizando cómo estás experimentando sus acciones. Hay una gran diferencia. Esto es más difícil de discutir porque cuando explicamos cómo nos sentimos, nos volvemos vulnerables. Ya que sólo decimos "lo que se siente" de esa manera, le damos a nuestra pareja la oportunidad de decir que eso no es lo que ellos querían decir. Cuando no usamos "se siente", acorralamos a nuestra pareja, haciendo que su cooperación sea menos probable.

3. Reconsidere lo que usted considera "sin importancia".

Este consejo menos conocido es notablemente efectivo para transformar las relaciones. Cuando nuestra pareja dice algo que no creemos que sea tan importante, no logramos hacer una realización masiva: ¡puede ser muy importante para ellos! Siempre que estés a punto de decir "Eso es bonito, cariño" o incluso de ignorar lo que dicen, considera el impacto positivo que tendría una respuesta adecuada. Si su pareja acaba de llegar a casa del trabajo y menciona de pasada que hizo un nuevo amigo, no sólo asienta con la cabeza y diga "Oh, genial". Di con entusiasmo: "Es maravilloso que hayas hecho un nuevo amigo".

¿Quieres saber algo más? Si su pareja muestra entusiasmo, incluso si es por algo pequeño, usted debe encontrar ese entusiasmo con interés o, al menos, debe reconocerlo apropiadamente. Si vas a dar un paseo y tu pareja te dice: "¡Oh, mira! Qué pájaro tan bonito", es muy probable que no te importe el pájaro tan bonito. Pero nunca debe ignorar a su pareja cuando está entusiasmada con algo. Di: "Me pregunto qué clase de pájaro es" o simplemente concuerda con ellos diciendo: "Es un pájaro muy bonito". Usted debe responder por lo menos una vez a su declaración.

Todo esto crea una conexión más cercana y permite que su pareja se sienta verdaderamente significativa. Disminuye los sentimientos de ser ignorado e inadvertido. Si la necesidad de importancia de su pareja no se está satisfaciendo, este es un hábito que usted debe implementar en su comunicación diaria.

4. Haga preguntas sobre sus intereses

Acostúmbrese a preguntarle a su pareja sobre temas o eventos que le interesen. No me refiero sólo a temas que ellos piensan que son interesantes, sino a los temas que los excitan realmente, aunque sean un poco tontos. Si a tu pareja le gustan los chismes de celebridades, pregúntale cuál es su celebridad favorita últimamente, o pregúntale qué pensaron del último artículo sobre ellos.

Piense en la última vez que vio los ojos de su pareja iluminarse cuando hablaban. Es un buen punto de partida. Cuando adquirimos el hábito de hacer esto, construimos una conexión más fuerte con nuestra pareja. Los hace sentir especiales porque no sólo recuerdas lo que les gusta, sino que te importa lo suficiente como para dejarlos hablar de ello. Mientras hablan, muestre un entusiasmo genuino por lo que están diciendo.

5. Diga por lo menos una cosa positiva o alentadora a su pareja todos los días

No tiene que ser una carta de amor larga e interminable; sólo dígale al menos una cosa positiva a su pareja todos los días, aunque sea corta y dulce. Puede ser cualquier cosa, y se debe hablar con entusiasmo. También eres libre de hacer esto por texto. Algunas ideas son:

- "Has estado trabajando muy duro últimamente. Sabes, realmente admiro lo trabajador que eres".
- "Sé que has estado estresado, pero creo que lo estás llevando todo muy bien."
- "Te ves maravillosa hoy."

Si no se te ocurre nada, ¿por qué no un simple pero sincero "te quiero"? Pimienta más declaraciones positivas en tu comunicación diaria con tu pareja y descubrirás que toda tu dinámica se vuelve más amorosa al instante.

6. Si no está de acuerdo, invítelos suavemente a reflexionar

No puedes evitar los desacuerdos con tu pareja, pero *puedes* evitar convertirlos en argumentos en toda regla. En lugar de afirmaciones de "debería" o "no debería", anímelos a reflexionar. No les des una idea, llévalos a ella.

Usemos un ejemplo. Kelly ha planeado una cita para almorzar con una amiga que siempre la ha despreciado y ha sido mala con ella. Su compañero, James, no cree que sea una buena idea que se reúnan. En lugar de decir: "No deberías encontrarte con ella", opta por incitar a la reflexión. Él pregunta: "¿Crees que se comportará de la misma manera que la última vez?" y "¿Qué crees que será diferente esta vez?" James permite que se conozca su opinión usando frases "I". Él dice: "Sólo me preocupa que sea una mala amiga, como suele serlo. No me gusta verte enfadado".

Utilice preguntas para invitar a su pareja a reflexionar, y si tiene que añadir su opinión, utilice siempre las frases "I".

7. Sigue diciendo 'por favor' y 'gracias'.

Cuando dejamos de usar nuestros modales básicos con alguien, es una señal preocupante de que hemos empezado a darlos por sentados. Asegúrese de que, pase lo que pase, siempre tendrá el hábito de decir "por favor" y "gracias" en los momentos apropiados. Aunque estés de mal humor, deberías decirlo. Esta es la manera más básica de mostrar aprecio por alguien, y cuando nos detenemos, mostramos un sentido de derecho.

Usted puede pensar que su pareja no se dará cuenta, pero ellos lo harán, especialmente cuando han puesto un esfuerzo considerable en proporcionarle algo. Siempre muestre aprecio por los esfuerzos de su pareja y adhiérase a estos buenos modales básicos.

8. Participe en conversaciones de almohada

Incluso cuando ambos miembros de la pareja tienen horarios ocupados, no hay razón para que no puedan disfrutar de una pequeña charla de almohada. Después de todo, todos necesitamos irnos a la cama en algún momento. La charla de almohada se produce al final del día, cuando las parejas se acuestan en la cama. Consiste en una conversación íntima y relajada en la que ambos miembros de la pareja pueden compartir sus pensamientos. Las parejas pueden elegir acurrucarse o no, pero el contacto físico tiende a crear una atmósfera más amorosa. Si estás teniendo una conversación algo tensa, los abrazos pueden reducir la combatividad y aumentar la probabilidad de cooperación. Cuando las parejas se acostumbran a hablar en la almohada, tienen una mayor oportunidad de mantener viva la intimidad y la conexión en su relación.

9. Comparta abiertamente con su pareja

Para crear una mayor sensación de intimidad y conexión, no espere a que le hagan preguntas, simplemente empiece a compartir partes interesantes de su día. Cuéntales sobre cosas divertidas que sucedieron en el trabajo, o sobre el texto hilarante que tu amigo te envió. Si estás molesto por algo que sucedió, sé vulnerable y compártelo con ellos. Una vez que empiezas a hacer esto, creas un ambiente donde el compartir y la apertura no es sólo bienvenido, sino completamente normal. Esto significa que es más probable que su pareja también comparta con usted. Cuando la distancia aumenta entre dos personas, tienden a pensar demasiado en cómo mejorarla. La solución es simple: comience a actuar como si no hubiera distancia alguna.

Cuando compartas abiertamente con tu pareja, asegúrate de que haya una oportunidad para que ellos también lo hagan. No pases horas hablando sólo de ti y de tu día. Invítelos a compartir cosas que son emocionantes o interesantes en su vida. Por supuesto, algunos de nosotros somos naturalmente más habladores, y a veces, simplemente no podemos evitarlo. Para asegurar que haya un intercambio uniforme de conversación, considere la siguiente técnica:

Todo Sobre la Regla 80/20

Si usted normalmente es el que más habla o siente que su pareja necesita desahogarse, opte por la regla 80/20. Esta técnica es extremadamente fácil y directa. Cuando esté hablando con su pareja, trate de escuchar el 80% del tiempo y sólo hable el 20% del tiempo. No uses esta técnica en cada conversación con tu pareja, ya que no siempre es apropiado y a veces es mejor mantenerla al 50%. Póngalo en juego sólo si su pareja necesita expresar algo, si siente que se avecina una discusión, o si simplemente quiere practicar para ser un mejor oyente.

Medición de la felicidad con la proporción de la relación mágica

Para entender mejor la felicidad en las relaciones, los psicólogos estudiaron una gran variedad de parejas pidiéndoles que resolvieran un conflicto en 15 minutos. Estas conversaciones fueron grabadas y observadas nueve años después. Los mismos psicólogos hicieron predicciones sobre qué parejas permanecerían juntas y cuáles se divorciarían.

Sorprendentemente, un seguimiento con las parejas involucradas encontró que los psicólogos tenían un 90% de precisión en sus predicciones!

Esto los llevó a descubrir la Relación Mágica en las relaciones. Encontraron que la mayor diferencia entre parejas infelices y felices es el equilibrio entre las interacciones positivas y negativas durante los momentos de conflicto. En este caso, el equilibrio de estas interacciones no es una división uniforme. La proporción mágica es, de hecho, de 5:1.

Lo que esto significa es que por cada interacción negativa, una pareja sana y feliz tendrá cinco o más interacciones positivas para compensar la negatividad. Las interacciones negativas pueden incluir cosas como girar los ojos, la desestimación, la defensa o la crítica. Y para contrarrestar esto, las parejas deben participar en interacciones positivas como el afecto físico, bromas bien intencionadas, disculpas, mostrar aprecio, hacer preguntas bien intencionadas, aceptación y encontrar oportunidades para llegar a un acuerdo. La proporción de 5:1 indica que una pareja es feliz, saludable y probablemente permanecerá unida a largo plazo, mientras que la proporción de 1:1 es común para las parejas que ya están al borde del divorcio o de la ruptura.

Si hay algo que se puede quitar de esta proporción, es que la negatividad hace mucho daño! Después de todo, se necesitan cinco interacciones positivas para compensar una sola negativa. Siempre tenga eso en mente al avanzar y tenga cuidado de no dejar que demasiada negatividad se filtre en sus interacciones diarias. Piense en la última vez que tuvo un conflicto con su pareja. ¿Cuántos casos de positividad y negatividad mostraron ambos?

Deja de enloquecerte por estos 6 "problemas"

Cuando tenemos una relación profunda, muchas cosas empiezan a cambiar - naturalmente, esto nos hace preocuparnos. Las chispas y las mariposas son reemplazadas por otros sentimientos, y no está del todo claro si esto es algo bueno o malo. ¿Significa esto que ya no estás enamorada? ¿Su relación está condenada al fracaso? ¡Deja de preocuparte! La mayoría de las veces, las parejas se preocupan por algo que es completamente normal.

Es importante que eliminemos el hábito de enloquecer. Cuando nos volvemos locos, estamos tan atrapados en la emoción que no consideramos una solución real. Y déjame decirte que *hay* soluciones. A continuación, se incluyen algunos de los problemas más comunes de las relaciones y, mejor aún, cómo puede solucionarlos a través de la comunicación.

1. Su relación no es tan emocionante como antes.

De todas las quejas y preocupaciones, ésta es, con mucho, la más común. Pregúntele a cada pareja a largo plazo y ellos le dirán que la emoción de sus primeros días se ha calmado. El apuro de una nueva experiencia ha sido reemplazado por un sentido de familiaridad y cercanía. ¡No te asustes por esto! Has encontrado estabilidad. No pienses en ello como si hubieras perdido algo, sino como si estuvieras entrando en una nueva fase. Su relación se ha nivelado.

Es importante distinguir entre una relación que se siente menos emocionante y una que ha perdido *toda la* emoción. Si estás en el segundo campamento, tienes que pensar un poco más. O usted y su pareja se han hundido demasiado en una rutina rígida, o han perdido los sentimientos el uno por el otro. Lo más probable es que sea sólo rutina. Han dejado de ocuparse de las necesidades de los demás en cuanto a variedad, conexión emocional y expansión personal. Considere tener una cita de corazón a corazón y programar una noche de cita. Haga el esfuerzo de darle sabor a su rutina. No es tan difícil como crees!

2. A veces quieres desesperadamente estar a solas

Es normal querer estar a solas, en realidad es muy saludable. Significa que usted y su pareja han evitado volverse codependientes y esto es vital para la salud de una relación. Anhelar la soledad significa que todavía valoras tu independencia y esto es algo de lo que sentirte orgulloso, no preocupado.

Decirle a su pareja que necesita un tiempo de separación no debería ser una discusión difícil. Sea directo, sea casual y evite convertirlo en una charla seria - hacer que parezca demasiado serio hará que su pareja piense que hizo algo malo. Sólo di: "Hace tiempo que no tengo tiempo para mí mismo y siempre he necesitado soledad para recargarme. ¿Puedo verte cuando termine el fin de semana?" Si su pareja es menos independiente que usted, concluya con un plan para su próxima reunión, para que tengan algo que esperar. Aprender a pedir tiempo a solas es un hábito fantástico que hay que adquirir cuando se entra en una relación. Lo ideal es que ambos miembros de la pareja puedan tomarse un tiempo libre cuando lo necesiten, sin preocuparse por la otra persona.

3. Atrapaste a tu compañero mirando a alguien más

La primera vez que ve a su pareja deambulando por otro lado, puede ser muy angustiante. Está bien ser tomado por sorpresa, pero usted debe darse cuenta de que esto es una ocurrencia completamente normal. Incluso las parejas más comprometidas encontrarán atractivas a otras personas. La atracción hacia otras personas no dice nada sobre sus sentimientos hacia ti. Piensa en la última vez que viste a alguien que te pareció atractivo. Pudo haber sido alguien que se te cruzó en la calle, o quizás fue una celebridad atractiva en una película. ¿Recuerdas cómo se te atrajeron los ojos hacia esa persona? Era automático, pero no estaba alimentado por ninguna emoción real. Nuestros cerebros están conectados para disfrutar mirando lo que encontramos atractivo, pero lo único que es un dulce para la vista, a menos que lo persigamos.

. Esto sólo los hará sentir avergonzados e incómodos. Incluso puede hacer que se sientan ansiosos si están cerca de alguien a quien encuentran atractivo - ¡lo que lleva a una incomodidad aún mayor para todos! Sólo recomiendo que lo mencione si su pareja lo hace continuamente y de una manera abierta o irrespetuosa. Si sus ojos permanecen demasiado tiempo, o si eso les hace dejar de prestarle atención, siéntase libre de decir: "¿Podría no hacer eso, por favor? Realmente me molesta". Sea directo y claro. Y recuerde, este es un problema muy común.

4. Tienes intereses muy diferentes

Pregúntele a cada asesor de relaciones o matrimonios, y le dirán que hay algunas parejas muy sanas y felices con intereses completamente diferentes. A veces incluso intereses opuestos. En cierto modo, esto puede ser bueno para una pareja. Con intereses diferentes, se hace fácil mantener su independencia, algo que es muy bueno para las parejas a largo plazo. Cuando una pareja tiene todo en común, se arriesga a pasar demasiado tiempo juntos, a volverse codependientes y, si no tienen cuidado, a quemar el fuego de su relación. Acepta el hecho de que tienes intereses diferentes. Cambie su perspectiva: no son demasiado diferentes, se *complementan entre sí*.

Si tener diferentes intereses significa que raramente se ven, asegúrese de programar por lo menos dos días a la semana en los que pueda participar en la misma actividad. Por ejemplo, puede ver una película en casa, ir al cine, ir a un bar de jazz o a una función de teatro. Incluso pueden elegir aprender juntos una nueva habilidad, como la cerámica o la pintura. Hablen entre ustedes y lleguen a un acuerdo sobre la manera en que pueden divertirse juntos.

5. A veces tu pareja te molesta de verdad

Conoces esos momentos, ¿no? Miras a tu compañero y deseas que se calle. O desearías que se quedaran sentados y dejaran de hacer lo que están haciendo. En los días malos, usted podría incluso irritarse por cosas tontas como qué tan ruidosas están respirando o cómo hablan.

Lo creas o no, esto también es normal, siempre y cuando no sea persistente. Si te encuentras sintiéndote así durante días y días, existe la posibilidad de que hayas perdido los sentimientos por esta persona o que estés pasando demasiado tiempo con ella. Pero si dura sólo unas pocas o varias horas, y luego te encuentras volviendo a tus sentimientos de afecto, entonces no tienes nada de qué preocuparte. ¡Estás en una relación normal y duradera! Durante sus momentos de molestia, sepa que es normal, y resista el impulso de decir algo hiriente.

6. Ya no tienes tanto sexo como antes.

Las encuestas han demostrado que esta preocupación es una de las más comunes. Las parejas, en casi todas las etapas, tienen algún nivel de preocupación de que no están teniendo relaciones sexuales tanto como deberían. La verdad es que es completamente normal que el sexo se vuelva menos frecuente con el tiempo. Y es normal que la frecuencia de las relaciones sexuales fluctúe, dependiendo de lo que está sucediendo en la

Comunicación En Las Relaciones

vida de cada persona. Una vez que la fase de luna de miel ha terminado, una relación comienza a establecerse, ¡y eso está totalmente bien! Esto no significa que su pareja ya no le desee, y ciertamente no significa que los sentimientos se hayan perdido. Si todavía está preocupado, entonces programe un momento en el que usted y su pareja puedan dejar todo y concentrarse en intimar. ¡Pruebe algo nuevo que no haya hecho antes!

Capítulo Cuatro - El amor en todos los sentidos

La comunicación no es sólo acerca de lo que decimos en palabras. Considere las palabras:"Claro, sería estupendo". Puedes decir eso con amabilidad, pero también puedes decirlo con sarcasmo o vacilación. El significado de todo lo que decimos puede cambiar según el tono de nuestra voz, la expresión facial y el ritmo de nuestro habla. Todo lo que hacemos comunica un mensaje.

Ya sea que seamos conscientes de ello o no, nuestra pareja está recibiendo señales de la forma en que nos llevamos a nosotros mismos a su alrededor. Si hablas con ellos pero mantienes los ojos fijos en el teléfono, esto les dice que no estás realmente interesado en la conversación. Si tus palabras les piden que se abran, pero tu cuerpo está orientado hacia la televisión, esto hace que tus palabras parezcan poco sinceras. Si usted está tratando activamente de ser un mejor comunicador, debe asegurarse de que todo lo que está haciendo coincide con el mensaje que está tratando de enviar.

En este capítulo, nos enfocaremos en las muchas maneras en que podemos mostrarle amor a nuestra pareja. Aconsejo abrazar tantas expresiones de amor como sea posible. Y usted puede sorprenderse de lo que su pareja responde de manera más positiva.

Todo lo que necesitas saber sobre Love Languages

¿Se siente a veces como si usted y su pareja estuvieran hablando idiomas completamente diferentes? Puede que lo estés. Desde que el renombrado consejero matrimonial, el Dr. Gary Chapman, identificó los cinco idiomas principales del amor, cambió el juego para millones de relaciones. Desmitificó la dinámica de las relaciones, la comunicación y, en general, alimentó una mayor comprensión entre las parejas.

Cada persona da y recibe amor de una manera diferente. La manera en que lo hacemos determina las acciones que encontramos amorosas y las acciones que usamos para expresar nuestro amor por otra persona. La manera en que comunicamos naturalmente el amor se llama nuestro lenguaje del amor. Es común tener más de uno, pero rara vez tenemos más de dos idiomas dominantes en el amor.

Dos parejas que no saben que tienen diferentes lenguajes de amor pueden sentirse totalmente confundidas la una con la otra. Incluso pueden sentirse no amados y no apreciados, inseguros de por qué sus intentos de mostrar amor han pasado desapercibidos. Para crear un intercambio suave de amor y aprecio, es absolutamente vital que las parejas entiendan el lenguaje amoroso de su pareja.

Afirmación verbal

Uno de los lenguajes más comunes del amor es la afirmación verbal. Esto significa que usamos nuestras palabras para expresar amor y aprecio. Las personas con este lenguaje del amor se sienten más amadas cuando alguien verbaliza sus sentimientos, les hace cumplidos y les da mucho ánimo verbal. Aquí hay algunos ejemplos de afirmación verbal:

- Si su pareja está lista y tratando de lucir bien, diga: "Vaya, te ves fantástica. Eres irresistible con este vestido".
- Si es una noche acogedora y su pareja elige una gran película para ver, diga: "Siempre sabes cuál es la película correcta para elegir. Tienes un gran gusto."
- Si su pareja hace algo considerado, diga: "Esto es tan maravilloso de tu parte. Gracias. Realmente aprecio que te hayas tomado todo este trabajo por mí."

Si este es el lenguaje del amor de su pareja, preste atención a lo que dicen con palabras. No hagas caso omiso de las cosas amables y amables que dicen, ya que así es como expresan su amor por ti. Responda a estos comentarios amorosos con apreciación verbal.

Tiempo de calidad

Otra forma en que comunicamos el amor es dándole a nuestros seres queridos toda nuestra atención. Aquellos con este lenguaje primario del amor necesitan sentir un sentido de unión e intimidad. Se sienten más queridos cuando sus parejas se toman un tiempo especialmente para ellos y les dan su enfoque completo. No se trata sólo de sentarse juntos y ver un programa de Netflix, se trata de crear lazos afectivos. La vulnerabilidad es una gran ventaja para las personas con este lenguaje del amor. Sus acciones deben enviar el mensaje: "Esta vez es sólo para ti y para mí. Ahora mismo, no quiero nada más que sentirme cerca de ti."

Para comunicar amor a través de tiempo de calidad, todo lo que necesitas hacer es programar un bloque de tiempo donde puedas dedicar toda tu atención a tu pareja, y nada o nadie más. Esto podría ser un día en el parque de diversiones, una noche de citas especiales o una escapada a un lugar romántico. Incluso podría ser tan simple como quedarse y compartir sus días con los demás sobre su vino favorito. Hagas lo que hagas, presta atención y escucha atentamente.

Tacto Físico

Si eres una persona muy afectuosa físicamente, es posible que prefieras dar y recibir amor a través del contacto físico. Mucho se puede expresar en la forma en que tocamos a alguien. Y como humanos, estamos conectados para responder positivamente a ella. Si el lenguaje amoroso de su pareja es el tacto físico, acostúmbrese a hacer contacto físico amoroso. Para que su pareja se sienta amada, asegúrese de tomarse de las manos, abrazarse, besarse, abrazarse y acariciarse con el hocico. Las personas con este lenguaje amoroso también pueden disfrutar más de las relaciones sexuales que otras personas, pero no siempre es así.

La mejor parte de este lenguaje del amor es que el contacto físico es tan fácil. No se necesita mucha creatividad o pensamiento para comunicarse a través del tacto. Cuando estés de paso por la habitación en la que se encuentran, dales un beso en la mejilla o frótales el brazo suavemente. Cuando los saludes o te despidas, dales un cálido abrazo.

Actos de Servicio

Si las acciones significan todo para ti, es posible que recibas y des amor a través de actos de servicio. Cuando este es su lenguaje del amor, usted se siente más amado cuando su pareja hace algo que usted quiere que ellos hagan. No se trata en absoluto de ser esclavo de todos los caprichos de tu pareja, se trata de ser considerado y hacer algo que no te pidieron que hicieras. Si este es el lenguaje del amor de tu pareja, deberías tomarte un tiempo para pensar realmente en lo que más aprecian. Haga que algún aspecto de su día sea más fácil para ellos. Por ejemplo, usted podría cocinarle a su pareja una comida que ellos disfruten o arreglar una de sus pertenencias rotas. Incluso podría ser tan simple como enchufar su teléfono si ves que la batería está baja. Realice acciones que cuiden activamente de su pareja.

Donación de regalos

Si tu lenguaje amoroso es regalar, esto no significa que seas una persona materialista. Un regalo es sólo una prueba física de que has estado pensando en alguien. No tiene por qué ser elegante o costoso. De hecho, no necesita costar nada en absoluto. Se trata de poner tus pensamientos e intenciones amorosas en asegurar un objeto físico. No se trata del regalo en sí, sino del pensamiento que hay detrás de él. Acostúmbrate a dar regalos si este es el lenguaje del amor de tu pareja. Si les encanta el chocolate, consiga una caja o una barra de camino a casa desde el trabajo. Si sus flores favoritas están en flor, recoja sólo uno o un ramo entero. Y asegúrese de tratar las fiestas de regalos con seriedad!

Cómo utilizar la comunicación no verbal en su beneficio

Como establecimos anteriormente en el capítulo, su pareja está prestando atención a todo lo que usted está diciendo, incluso a las cosas que usted no está diciendo con palabras. Para obtener el mejor resultado de una conversación, o para calmarlos cuando se sientan tiernos, siga estas técnicas no verbales simples pero efectivas:

- **Toque a su pareja de una manera que le brinde apoyo**

No subestimes el poder del tacto. Poner un brazo alrededor de su pareja o tomarle la mano mientras hablan puede hacer que se sientan mucho más cómodos. Una táctica común que usan las parejas cuando tratan de llegar a un acuerdo es abrazarse o abrazarse de alguna manera, mientras hablan. El afecto y el tacto pueden hacer que las personas sean mucho más propensas a cooperar entre sí. Tenga en cuenta, sin embargo, que no debe tocar a su pareja si está muy enojada con usted - esto puede parecer inapropiado y empeorar la situación.

- **Mantenga su expresión facial neutra o simpática**

Cuando esté escuchando a su pareja hablar, asegúrese de que su expresión facial no la disuada de hablar. Si está de buen humor, manténgalo comprensivo, y si no está de buen humor, manténgalo neutral. Incluso si estamos molestos con nuestras parejas, es importante que sientan que pueden hablar sin ser juzgados. Puede que no estemos diciendo palabras duras, pero nuestras expresiones faciales aún pueden comunicar un mensaje perturbador.

Considere este escenario como un ejemplo: usted está sentado con su pareja, explicándole cómo se siente muy ignorado cuando están constantemente en el teléfono durante sus noches de citas. ¿Cómo te sentirías si tu pareja empezara a mirarte con las cejas levantadas? ¿Y si empiezan a fruncir el ceño? ¿Y si pareciera que estaban a punto de reírse? Lo más probable es que no quieras seguir compartiendo. Y hay incluso una alta probabilidad de que empieces a dudar de compartir en el futuro. ¿Ves? Incluso cuando no estamos hablando, estamos enviando un mensaje. Suavice sus características para una mejor respuesta.

- **Gire su cuerpo hacia su pareja**

Cuando esté hablando con su pareja, especialmente sobre algo serio, no los" mire simplemente de reojo. Asegúrese de que todo su cuerpo esté inclinado hacia ellos. Cuando nuestros cuerpos se alejan de la persona con la que estamos hablando, enviamos el mensaje de que no estamos realmente interesados en la conversación en cuestión. Demostramos que no estamos realmente invertidos. Si su pareja está molesta o usted siente que necesita un poco de TLC, use su cuerpo para enfrentarlos directamente.

- **Ajuste el tono y el sonido de su voz**

No siempre se trata de lo que dices, sino también de cómo lo dices. Considere, en el momento, lo que su pareja más necesita de usted. ¿Necesitan simplemente escuchar y sentir empatía? Si es así, hable con una voz más suave, más suave. ¿Necesitan tranquilidad? Si es así, hable con una voz firme y segura para que se sientan seguros. Para calmar a tu pareja, habla despacio, ya que una voz rápida puede parecer desdeñosa.

Maneras menos conocidas pero poderosas de mostrarle amor a su pareja

Mostrar nuestro otro amor significativo en una o dos formas no es suficiente. ¿Por qué detenerse ahí? Siempre que tenga la oportunidad, aproveche la oportunidad para bañarlos en calidez y positividad. Esto no se limita a los métodos que he enumerado hasta ahora. Las maneras en que podemos participar en un comportamiento amoroso son infinitas.

1. **Declare públicamente lo orgulloso que está de ellos**

No importa a quién se lo digas; cuando llegue el momento adecuado, ¿por qué no compartes con orgullo uno de los logros de tu pareja? No tiene que ser un gran logro, puede ser cualquier cosa en la que hayan trabajado duro. Reconozca los esfuerzos de su pareja y comparta sus logros con un tercero. A todo el mundo se le enseña a ser humilde y a no presumir nunca de sus éxitos, pero a veces, en secreto, queremos que la gente sepa que hemos tenido éxito en algo. Sea el primero en compartir algo increíble que su pareja hizo. Los hará sentir muy queridos, apoyados y probablemente se sentirán animados a seguir progresando. Esta táctica puede hacer que se ruboricen al principio, pero una vez que la timidez desaparezca, se sentirán muy conmovidos.

2. Defiende a tu pareja

Si algo injusto le sucede a su pareja, no tenga miedo de hablar. Esto no significa que debas empezar una pelea o decir algo desagradable, simplemente significa que debes vocalizar tu apoyo durante una situación difícil. Use su sentido común para determinar la manera correcta de hacer esto. Si estás en una conversación con mucha gente y alguien menosprecia a tu pareja, contrarresta la situación actuando como su animadora.

Considere este ejemplo: Adam y Vanessa han salido con un grupo de amigos. Alguien empieza a burlarse de Vanessa porque mencionó que estaba escribiendo una novela. La persona grosera comenta que todos los demás están trabajando en un trabajo corporativo bien pagado mientras Vanessa está en casa escribiendo historias. Adam no necesita empezar una pelea para defenderla. Todo lo que dice es: "Escribir una novela requiere mucha paciencia y determinación. Vanessa ha estado trabajando muy duro y creo que es maravilloso que esté persiguiendo su pasión en lugar de obsesionarse con el dinero". No se requiere negatividad!

3. Hacer un esfuerzo para crear un vínculo con las personas cercanas a ellos

Es cierto lo que dicen; cuando empiezas a salir con alguien, también sales con sus amigos y familiares cercanos. Te guste o no, esta gente está aquí para quedarse. Y si usted no hace el esfuerzo de dejar una impresión positiva, sus opiniones podrían tener una influencia en el curso de su relación. Cuando usted llega a conocer las conexiones cercanas de su pareja, usted envía el mensaje de que realmente quiere ser parte de la vida de su ser querido. Demostras que eres serio, y muestras amor genuino. Por qué? Porque estás en una búsqueda totalmente desinteresada. Después de todo, los amigos y familiares de su pareja no satisfacen ninguna de sus necesidades y deseos. No cedas a la idea de que no son importantes porque no son tu pareja. La forma en que los tratas dice mucho sobre cómo ves tu relación.

4. Pregúntele a su pareja qué es lo que disfrutan en el dormitorio

Hay una idea malsana de que todos deberíamos *saber* lo que quieren nuestras parejas, sin preguntarles. Mucha gente tiene la impresión equivocada de que si no podemos resolverlo nosotros mismos, no somos buenos en la cama. Es una idea ridícula. No somos lectores de mentes y cada persona tiene diferentes preferencias. Muchas personas no son comunicativas sobre lo que les gusta porque no quieren parecer exigentes, así que ¿por qué no preguntar? ¿Cómo podemos hacerlo bien si nunca lo sabemos?

Incluso si usted ya sabe lo que le gusta a su pareja, no hay nada malo en hacer el check-in. Pregúnteles si hay algo que haya hecho recientemente que les haya gustado, y pregúnteles si hay algo que usted pueda hacer mejor. Aprender a comunicarnos abiertamente sobre el sexo es una de las mejores cosas que podemos hacer en nuestras relaciones. También muestra a nuestra pareja lo dedicados que estamos a hacerlos felices y a satisfacer sus necesidades. Incluso si no siempre lo hacemos bien, puede marcar la diferencia al saber que lo estamos intentando.

5. Obtenga más información sobre un tema que les interese

Si tu pareja es una gran fanática de la ciencia ficción, trata de ver su programa o película favorita. Si le encanta hablar de política pero no lo entiendes, pídele que te explique.. ¡Abre y expande tus horizontes! Demuéstrele a su pareja que usted está realmente interesado en lo que les importa. Nunca se sabe, incluso puede que descubras que también te interesa. Siempre debemos tratar de crear oportunidades para crear lazos de unión con nuestra pareja. Al involucrarnos con lo que les interesa, creamos momentos más íntimos. Esta es una manera segura de fortalecer su conexión.

6. Cuídalos cuando estén enfermos.

Es bastante común que las mujeres asuman un papel de crianza cuando sus parejas están enfermas, pero desafortunadamente es menos común ver que sucede.. Una de las cosas más amorosas que podemos hacer por nuestras parejas es cuidarlas cuando están más débiles. Esto incluye todo tipo de dolencias físicas y mentales, incluyendo enfermedad, depresión o incluso dolor. Esto no significa que tengamos que esperarles de pies y manos; sólo significa ofrecerles algo de fuerza cuando más la necesitan. Este gesto de amor le dice a nuestra pareja que nos preocupamos por ellos, incluso cuando están demasiado débiles para ofrecernos algo a cambio.

7. Tómese su tiempo para revivir su historia de amor

Cada pareja tiene una historia de amor única. Abarca todas las cosas maravillosas y emocionantes de un nuevo romance: cómo se conocieron, qué fue lo primero que pensaron el uno del otro, cuándo supieron que querían estar con ellos, y mucho más. Una gran manera de continuar reavivando el amor y la pasión es reviviendo activamente tu historia de amor con tu pareja. ¿Por qué no volver a visitar el lugar donde tuviste tu primera cita? ¿O el lugar donde tuviste tu primer beso? ¿O qué tal si nos contamos los diferentes lados de la historia? ¿Cuándo supieron que era amor? Cuando una pareja hace esto, están dando un paso atrás para recordar por qué están juntos. Se desconectan de sus problemas actuales y se esfuerzan por no perder de vista la magia. Todos tenemos una historia de amor; tómese el tiempo para recordar la suya.

8. Hacer planes para el futuro

De acuerdo, cálmate, esto no significa que tengas que empezar a planear tu boda o a nombrar a tus futuros hijos. Sólo significa que necesitas pintar un futuro con tu pareja en él. No se trata de comprometerse para siempre, se trata de llegar a metas compartidas y crear sueños compartidos. Identificar algo que ambos puedan lograr juntos. Esto crea un ambiente más esperanzador y de colaboración en la relación. De este modo, demostramos a nuestra pareja que ellos también son parte del sueño y parte de la meta. Es el tipo positivo de profecía autocumplida, donde subconscientemente hacemos lo mejor que podemos para prosperar junto a nuestra pareja porque tenemos una meta que alcanzar.

Capítulo Cinco - Descodificación de su pareja

Un mensaje corto del Autor:

¡Hey! Siento interrumpir. Sólo quería saber si estás disfrutando del audiolibro Relación Comunicación Errores que comete cada pareja y cómo corregirlos

Descubra cómo resolver cualquier conflicto con su pareja y crear una intimidad más profunda en su relación Me encantaría escuchar tus pensamientos!

Muchos lectores y oyentes no saben lo difíciles que son las críticas y lo mucho que ayudan a un autor.

Así que estaría increíblemente agradecido si pudieras tomarte sólo 60 segundos para dejar una revisión rápida de Audible, ¡incluso si es sólo una o dos frases!

Y no te preocupes, no interrumpirá este audiolibro.

Para ello, sólo tienes que hacer clic en los 3 puntos de la esquina superior derecha de la pantalla dentro de la aplicación Audible y pulsar el botón "Rate and Review".

Esto le llevará a la página de "evaluación y revisión" donde podrá introducir su clasificación por estrellas y luego escribir una o dos frases sobre el audiolibro.

Es así de simple!

Espero con interés leer su reseña. Déjeme un pequeño mensaje ya que yo personalmente leo cada crítica!

Ahora te guiaré a través del proceso mientras lo haces.

Sólo tienes que desbloquear el teléfono, hacer clic en los 3 puntos de la esquina superior derecha de la pantalla y pulsar el botón "Rate and Review".

Introduzca su clasificación por estrellas y listo! Eso es todo lo que necesitas hacer.

Te daré otros 10 segundos para que termines de compartir tus pensamientos.

----- Esperar 10 segundos -----

Muchas gracias por tomarse el tiempo para dejar una breve reseña de Audible.

Estoy muy agradecido ya que su revisión realmente marca una diferencia para mí.

Ahora volvamos a la programación programada.

Comunicación En Las Relaciones

En los primeros días de un romance, conocer a la persona que te atrae locamente es una búsqueda emocionante. Todo en ellos es fascinante y casi fascinante. Cada nueva rareza que descubres es adorable, incluso las objetivamente molestas. Sus cualidades únicas te atraen y estás convencido de que no hay nadie como ellos en el mundo. Tus sentimientos están ardiendo de la mejor manera posible. No puedes esperar a desenmarañar completamente a tu pareja y conocerla profundamente de todas las maneras posibles.

Una vez que las cosas se ponen serias, es probable que su actitud cambie. Esto no es algo malo. De hecho, es extremadamente normal, como he demostrado en el primer capítulo. Aunque todavía amas a tu pareja y sus peculiaridades únicas, también has descubierto las otras dimensiones de su personalidad, los lados que no eran aparentes en los primeros días. Toda persona tiene un lado oscuro. Todos tenemos conflictos internos, nuestras propias necesidades particulares, e incluso cuando todos nuestros secretos están al descubierto, hay días malos en los que de repente tocamos con una melodía completamente diferente. Como dije, esto es completamente normal. Esta es la naturaleza humana. Esto sucederá en cada relación que usted encuentre y para ser un buen compañero, usted necesita aprender a rodar con él.

Su pareja puede sentirse a veces como un misterio, pero él o ella es mucho más simple de lo que usted piensa. Todo se reduce a las necesidades básicas que todos compartimos, y algunas necesidades únicas que son enteramente suyas. Con el tiempo aprenderás sobre ellos y gradualmente perfeccionarás cómo cuidarlos. El proceso de decodificación de su pareja requiere conciencia, comprensión y amabilidad, pero es una de las mejores cosas que usted puede hacer por su relación. De eso se trata el amor.

Comprender las necesidades particulares de su pareja

Con cada uno de tus parejas, vas a tener que tomar la temperatura de sus diversas necesidades. El problema es que 'necesidades' es un término tan vago, y puede que no estés seguro por dónde empezar. Si desea hacer feliz a su pareja, considere estos diferentes tipos de necesidades y asegúrese de entender las preferencias de su pareja. Esto puede requerir una observación intencional, pero también debe sentirse libre de discutir abiertamente estos temas con su pareja. De esta manera, no hay ninguna confusión.

- **Su deseo sexual y sus necesidades sexuales**

Es cierto que nuestros impulsos sexuales pueden fluctuar, pero algunas personas tienen un deseo sexual mucho mayor que otras, en todo momento. Y también hay otras personas que no lo desean tanto. Evalúe las necesidades de su pareja o pregúntele directamente a su pareja qué tan alto calificaría su deseo sexual. Usted puede encontrar que tienen un deseo sexual similar al suyo, pero también puede encontrar que tiene necesidades diferentes. Esto significa que más adelante tendrá que encontrar un compromiso para que ninguna de las partes se sienta insatisfecha. También tendrá que descubrir lo que disfrutan específicamente en el dormitorio. Tenga en cuenta que cada persona es diferente e incluso puede ser beneficioso preguntarle directamente a su pareja qué es lo que le gusta.

- **La forma en que se estresan y se relajan**

Ciertamente hay hilos en común, pero en su mayor parte, todos tenemos diferentes maneras de desestresar y desenrollar. Para algunas personas, esto puede significar paz y tranquilidad totales, comer alimentos saludables y dar un paseo por el parque. En el extremo opuesto, a algunas personas les gusta

Comunicación En Las Relaciones

ver la televisión a todo volumen, jugar a videojuegos y no quieren más que comerse una pizza grasienta. Incluso encontrarás que a algunas personas les gusta ser sociables cuando se relajan, y a otras les gusta estar completamente solas. Siempre es mejor averiguar cuáles son las necesidades de su pareja después de un largo día. Una vez que lo sepa, puede ayudar a crear el ambiente adecuado para ellos cuando sepa que son los que más lo necesitan. También es perfectamente normal que las personas tengan algunas formas en las que les gusta el estrés, pero es probable que note un patrón. Si usted y su pareja tienen maneras conflictivas de desanimarse, asegúrese de encontrar una manera de llegar a un acuerdo.

- **Su idea de aventura**

La aventura no siempre significa paracaidismo o montañas rusas; nuestra necesidad de aventura surge cuando tenemos energía y estamos de humor para hacer algo divertido. Tal vez incluso algo diferente de nuestra rutina habitual. Estamos listos para gastar energía , en lugar de tratar de preservarla. Una idea común de la aventura en los días modernos es salir por una noche a la ciudad, bailar y tomar unos deliciosos cócteles. Pero algunas personas, incluso en sus mejores días, no quieren hacer esto en absoluto. A algunas personas les gusta estar adentro y participar en actividades privadas. Tal vez, quieren cocinar u hornear, o hacer un video de ejercicios caseros. Cuando se trata de aventura, es mucho más probable que tengamos muchas ideas de diversión. En este caso, es mejor anotar cuál es la cosa favorita de su pareja, y descartar lo que definitivamente *no* consideran divertido. Es importante que cualquier cosa que les guste hacer, usted aprenda a disfrutarlo también o simplemente acepte que ellos disfrutan haciéndolo.

- **Sus necesidades de estimulación mental e intelectual**

En pocas palabras, lo que encontramos mental e intelectualmente estimulante es lo que encontramos interesante. Abarca todos los temas por los que disfrutamos sintiéndonos desafiados y explorando. Esta es una de las necesidades más fáciles de descubrir, ya que la gente es más franca acerca de lo que mentalmente los estimula. Sólo tienes que prestar atención.

Algunas personas eligen no clasificar esto como una necesidad, pero yo no estoy de acuerdo. Cuando nos privan de lo que nos interesa, nuestra personalidad se marchita y nos sentimos deslucidos, quizás hasta deprimidos. Aquellos que dejan de dedicarse a temas que les gustan pueden incluso quejarse de sentirse menos como ellos mismos. Es importante, una vez que identificamos estas necesidades de estimulación en nuestra pareja, que siempre escuchemos y participemos activamente tanto como podamos. ¿Cuáles son los temas que le dan alegría a su pareja? ¿Cuándo ves que sus ojos cobran vida? Sean cuales sean estos temas, siempre debemos permitir que nuestras parejas nos incluyan en la conversación más amplia. Así es como podemos ayudar a satisfacer sus necesidades de expansión personal.

El apoyo emocional que necesita

Inevitablemente, llegará el momento en que su pareja necesite apoyo emocional. Aunque sus necesidades variarán con cada circunstancia, notará que hay patrones en lo que ellos encuentran reconfortante en momentos de dificultades emocionales. Para algunas personas, es importante llorar, en cuyo caso debe asegurarse de ser un hombro comprensivo sobre el que llorar. Algunas personas se vuelven más hambrientas y tienen más antojos durante los momentos de estrés emocional, en cuyo caso, usted debe tratar de darles cualquier alimento que encuentren nutritivo. Incluso hay personas que necesitan estar completamente solas para sentirse apoyadas. Es posible que sólo quieran escapar a la naturaleza por sí mismos y necesitarán que usted lo entienda. Siempre que su pareja esté pasando por un momento de dolor, trate de aprender qué es lo que alivia el dolor. Durante estos períodos, también puede ser una buena idea recurrir a los cinco idiomas del amor.

- **Sus necesidades espirituales o religiosas**

Si su pareja no se adhiere a ninguna práctica espiritual o religiosa específica, entonces no hay necesidad de preocuparse por esta sección. Sin embargo, la mayoría de las veces nos encontramos con personas que tienen una pizca de espiritualidad en sus vidas. La espiritualidad y la religión es un asunto muy personal, y es muy importante que respetemos las elecciones y creencias de nuestra pareja. Aunque nos parezca una tontería, trae paz a nuestra pareja y eso es lo único que importa. Sepa cuáles son las prácticas espirituales de su pareja, cuándo deben hacerlo y si hay otros requisitos que deben cumplir, como las restricciones dietéticas. Nunca debemos discutir con sus necesidades espirituales y nunca debemos burlarnos de ellos.

- **Sus inseguridades y necesidades de tranquilidad**

Nunca vas a encontrar una pareja sin inseguridades. Así son las cosas. Todos somos humanos y todos tenemos miedos formados por nuestros antecedentes o personalidades. Es absolutamente vital que usted entienda cuáles son las inseguridades de su pareja. Y lo más importante, usted debe saber cómo evitar que esas inseguridades salgan a la superficie, y lo que necesitan de usted cuando surjan. Por ejemplo, digamos que su pareja se siente insegura con respecto a su peso. Esta inseguridad puede desencadenarse cuando se encuentran con alguien muy delgado y atractivo. Estas situaciones son inevitables, por lo que es mejor elaborar un plan de acción para cuando ocurra. Tal vez, más adelante, deberías tratar de decirle a tu pareja lo sexy que son, y enfocar toda tu energía en hacerlos sentir atractivos. O tal vez, su pareja preferiría simplemente olvidarlo y hacer algo que le quite la mente de su cuerpo por completo. Estas necesidades diferirán de persona a persona.

5 Cosas Absolutamente Esenciales que Hacer Cuando Su Pareja Ha Experimentado un Trauma

Cuando finalmente conoces a la persona con la que quieres estar, lo más probable es que hayan visto mucho antes de que aparecieras tú. A veces incluso, un poco demasiado. Si su pareja ha sido tocada por un trauma en sus encuentros románticos o sexuales, usted tendrá que ser más amable con ellos. Esto no es negociable. Si no ajustamos nuestro comportamiento, nunca haremos felices a nuestras parejas, y es posible que terminemos causando más daño.

Hay muchos tipos de trauma que pueden dejar una cicatriz dolorosa y emocional, desde el engaño hasta el abuso emocional, y en algunos casos, más tipos de abuso físico. Las tácticas de comunicación siempre deben suavizarse durante escenarios específicos para asegurar que no los desencadene o haga que se retiren. Siempre tenga en mente los siguientes consejos si su pareja ha sufrido un trauma:

1. Aprender sobre el trauma de una manera no intrusiva

Antes de saber qué hacer, debemos saber a qué nos

Comunicación En Las Relaciones

enfrentamos. El primer paso es tratar de aprender sobre el incidente traumático. Dependiendo de la gravedad del trauma, puede no ser tan simple como preguntarle a nuestra pareja qué pasó. Si es demasiado doloroso contarlo o simplemente no están listos para decírnoslo, sólo hay dos cosas que podemos hacer: esperar a que se sientan listos, o preguntarle a alguien cercano. Una buena primera acción es decirle a tu pareja: "No tienes que decirme nada que no quieras, pero siempre estoy aquí si quieres compartir. Sólo quiero saber cómo puedo apoyarte de la mejor manera posible". Hágales saber que usted se preocupa por su pasado, que está dispuesto a escuchar, pero que usted no los presionará para que hagan algo que no quieran hacer. Es importante que nunca los fuerces o los hagas sentir culpables en esta situación.

2. Considere los tipos de comportamiento que pueden desencadenar sus recuerdos traumáticos

Esta etapa requiere tu pensamiento profundo. Piense en las cualidades y el comportamiento que los hirió durante este incidente traumático. A veces es sencillo, como la violencia física, pero no todo el tiempo. Si su pareja fue engañada, puede sentirse desencadenada por algo tan leve como que usted hable con miembros del sexo opuesto. Pueden ponerse ansiosos las noches que sales a beber con tus amigos. Si hay momentos en los que usted deja de comunicarse, esto podría ser especialmente difícil para ellos, ya que podrían sospechar que usted está guardando un secreto. Identificar el comportamiento involucrado en el incidente traumático, pero también lo que puede haber conducido a él.

3. Decidir sobre formas alternativas o modificadas de comportamiento

No siempre es realista eliminar cada uno de los comportamientos que podrían desencadenar a nuestra pareja. Aunque es fácil (y absolutamente necesario) no abusar de alguien, no es fácil ni realista dejar de hablar con miembros del sexo opuesto. Entonces, ¿qué podemos hacer en su lugar? Es simple: debemos modificar la forma en que nos involucramos en este comportamiento. Por ejemplo, si estás enviando mensajes de texto a un miembro del sexo opuesto, podrías considerar dejar que tu pareja vea los mensajes para que pueda aliviar sus preocupaciones. Si se ponen ansiosos cuando sales a beber con tus amigos, considera la posibilidad de hacer un check-in por teléfono cada dos horas. O envíales una foto tuya en tu ubicación actual. Sea creativo sobre cómo puede modificar su comportamiento sin eliminar las acciones completamente normales. Y siempre debes sentirte libre de preguntarle a tu pareja, "¿Qué puedo hacer para que te sientas mejor en esta situación?"

4. Comprender lo que necesitan si se desencadenan

Esperemos que esto nunca suceda, pero si el trauma de su pareja está relacionado con eventos comunes, puede ser inevitable. Cuando esto sucede, usted debe estar completamente calmado y gentil con su pareja. Si usted está enojado con ellos por alguna razón, debe poner esto en espera hasta que dejen de sentirse abrumados. De lo contrario, esto no hará más que agravar la situación.

La forma en que se manifiesta esta situación variará con cada persona, pero la respuesta más común es llorar o ponerse en modo de defensa personal, como si el trauma se repitiera y tuvieran que protegerse a sí mismos. Lo mejor que se puede hacer es ofrecer tranquilidad y adoptar un tono de voz calmante. Si su pareja fue víctima de la violencia, juegue con cuidado y no la toque hasta que esté lista. Entienda que a veces nuestras parejas pueden no tener signos obvios de ser desencadenados. En lugar de eso, es posible que se queden callados y deprimidos. Es importante estar atento a las respuestas menos notorias si sabe que han sido expuestas a un posible desencadenante.

Lo que cada persona necesita depende en gran medida de la persona y del trauma que haya experimentado. Una buena regla empírica es quitar el gatillo lo antes posible y hacer lo contrario de lo que lo inició.

5. Sepa lo que puede hacer para ayudarlos a seguir adelante

Si el trauma es severo y muy rara vez aparece, entonces es mejor ignorar esta etapa por completo. Sin embargo, si el trauma interfiere con su relación o impide que su pareja avance en su vida, piense en maneras de ayudarlos a hacer las paces con lo que pasó. Esto podría significar buscar ayuda profesional o encontrar soluciones paso a paso entre ustedes. Es importante que estas soluciones no sean sólo su responsabilidad; estos pasos también deben desafiar a su pareja a crear patrones de respuesta más saludables.

Volvamos al ejemplo de la pareja celosa. No es realista esperar que alguien te llame cada dos horas cada vez que salen a beber. Idealmente, la pareja celosa debe dejar este comportamiento una vez que la relación comience a ser más duradera. Para comenzar esta transición positiva, podrían hacer llamadas menos frecuentes cada noche, o podrían decidir enviar mensajes de texto cada hora. La pareja celosa debe pensar en las medidas que puede tomar para evitar sentirse deprimida o deprimida durante estos incidentes. Tal vez, también podrían salir con amigos o canalizar su energía en una sesión de ejercicio intenso. Cree un nuevo hábito positivo que sustituya a las respuestas poco saludables. De esta manera, todos ganan.

Capítulo seis - Todo es sobre ti

A menudo se nos dice que debemos encontrar un ser querido que nos ame tal como somos. Esto es cierto, hasta cierto punto. Todos debemos esperar que nuestras parejas nos amen y acepten por lo que nos gusta, lo que no nos gusta y por nuestros atributos positivos sin tratar de cambiarlos. Incluso deberían amarnos por nuestras rarezas, defectos e idiosincrasias. Deberían amar lo que nos hace diferentes. Pero nunca se debe esperar que ninguna pareja tolere un comportamiento negativo o destructivo que los afecte profundamente. Tu actitud arrogante, tus tendencias manipuladoras, tu pereza persistente; nada de esto es responsabilidad de tu pareja y si les hace daño, serías cruel si les pidieras que lo aceptaran. Pedir a nuestras parejas que se ocupen de lo que les molesta y les hace daño conducirá inevitablemente al desprecio. Y el desprecio es una de las pocas cosas de las que una relación no puede curarse.

La mayoría de las relaciones fracasan porque uno o ambos miembros de la pareja se niegan a hacer su propio trabajo. Te insisto que ahora a que no seas la pareja que no hace el auto-trabajo. No seas el que no hace el esfuerzo. Puede que te sientas indignado ahora, pero si la relación termina y sabes que no lo intentaste con todas tus fuerzas, te vas a quedar ahogado en el arrepentimiento. Trabajar en ti, antes de que sea demasiado tarde.

Y recuerda, esto no termina aquí. El comportamiento que lastima a su pareja ahora probablemente perjudicará a todas sus futuras parejas. Mientras quieras estar en una relación feliz y saludable, seguirás necesitando una autotransformación positiva.

Cómo convertirse instantáneamente en una mejor pareja

Si usted quiere hacer lo correcto por su pareja, implemente estos hábitos fáciles en su dinámica. Cree estas nuevas normas de comunicación y al instante comenzará a ver mejores resultados en su relación.

1. Solicite lo que necesite

Deja de esperar que tu pareja te lea la mente. Tienen su propia vida, con sus propias necesidades, y no puedes esperar que se queden sentados tratando de adivinar cómo te sientes. Pedir lo que necesitas no te hace necesitado, sino que te hace consciente de ti mismo y maduro emocionalmente. Demuestra que valoras tu relación porque te tomas en serio la creación de mejores condiciones. En lugar de esperar que su pareja salte por el aro, usted está siendo sincero sobre cómo ayudar. Esto hace que sea más fácil para ellos. Esto les da una oportunidad real de ajustar su comportamiento.

Cuando usted pide lo que necesita, es mucho más probable que *obtenga* lo que necesita. Para obtener el mejor resultado de su discusión, recuerde usar las frases "Yo siento".

2. Plantee un problema antes de que empeore

Hay muchas razones por las que evitamos sacar a relucir los problemas. A veces es porque nos sentimos incómodos con la confrontación, tememos la respuesta de la otra persona, o quizás, simplemente no queremos admitir que hay un problema. Lo que suele suceder es que el problema continúa y

Comunicación En Las Relaciones

empeora. Cuando evitamos sacar a relucir nuestros problemas, nos arriesgamos a dos cosas.

- Explotando a nuestro compañero cuando ya no lo soportamos más. Cuando nos permitimos alcanzar nuestro punto de ruptura, es más probable que digamos algo duro que no queremos decir. Esto puede alterar a nuestra pareja e incluso puede causar un daño duradero a la relación.

- Desarrollando desprecio por nuestro compañero. Si no le damos a nuestra pareja la oportunidad de mejorarlo, no mejorará. Esto nos frustrará más y más, y eventualmente nos llevará al resentimiento. Usted puede encontrar su mente llena de preguntas como: "¿Cómo es que no se da cuenta? ¿Por qué no es más consciente de lo que esto me está haciendo?" Esto puede dar lugar a sentimientos de no sentir cariño y enojo hacia su pareja por haberle hecho pasar por esto. Noticia de última hora: *¡te* estás poniendo en esta situación si no le dices a tu pareja lo que está mal!

3. Preste atención a la sincronización

Siempre considere el momento oportuno de lo que hace y dígale a su pareja. Esto hace una gran diferencia en la respuesta que recibes de ellos. Si usted está tratando de tener una conversación seria con ellos, no lo haga cuando estén exhaustos del trabajo o si han tenido un mal día. Esto podría provocar una discusión, ya que no están en sus cabales. Siempre use el tiempo a su favor. Hable con su pareja a la mañana siguiente de haber dormido bien o en un día en el que parezcan sensatos.

Esta regla se extiende incluso más allá de las conversaciones y discusiones serias. Siempre que vaya a tomar una decisión que afecte tanto a usted como a su pareja, piense en dónde caerá esto dentro de su cronograma y horario. Si hay días del año que son particularmente difíciles para su pareja (por ejemplo, aniversarios de muertes), recuérdelos. Asegúrese de no planear grandes eventos sociales cuando ellos prefieran pasar desapercibidos.

4. Usar un lenguaje gentil y constructivo

Los errores ocurren. Y a veces nuestras paejas no siempre tienen las mejores ideas. Aún así, usted siempre debe hacer el esfuerzo de ser constructivo al proporcionarle a su pareja cualquier retroalimentación. Reconocer lo que hicieron bien, pero también señalar las oportunidades de crecimiento. Si usted siente la necesidad de criticar a su pareja, siempre replantee sus comentarios desde la perspectiva de cómo pueden mejorar. Si les haces sentir que todo lo que hacen está mal, no estás arreglando la situación y sólo los estás despojando de la posibilidad de cooperar contigo. Concéntrese siempre en las soluciones.

5. Siempre escucha, siempre

Este se repite mucho, pero es por una buena razón. La escucha activa en nuestra relación es extremadamente importante. De hecho, está directamente relacionado con la calidad general de la comunicación con nuestra pareja. Y en una pareja infeliz, es muy común que al menos uno de los miembros de la pareja se queje de que no se siente escuchado y que su pareja nunca lo escucha. Al escuchar, nos mantenemos presentes en la conversación. Estamos mostrando respeto a nuestra pareja. Y al escuchar activamente, también estamos disminuyendo la probabilidad de malentendidos. La próxima vez que su pareja hable, evite esperar su turno para responder y absorber realmente todo lo que está diciendo.

Comunicación En Las Relaciones
6. Mantenga sus expectativas amables y realistas

Todos nos movemos por la vida y progresamos a ritmos diferentes. Esto ya no es cierto para usted y su pareja. Una manera en que usted puede causar una decepción innecesaria para usted y un daño para su pareja es esperando demasiado de ellos. Si parece que siempre estás esperando que tu pareja marque las casillas de tu lista de verificación, da un paso atrás y vuelve a examinar el alcance de lo que estás pidiendo. Si usted se encuentra continuamente decepcionado, considere por qué antes de tomar cualquier otra acción. ¿Estás tratando de cambiar su personalidad? ¿Estás pidiendo un ajuste demasiado grande y demasiado rápido? ¿Son sus demandas insensibles a las circunstancias actuales de su vida? Todas estas son preguntas necesarias que debe hacerse a sí mismo.

Algunos ejemplos concretos de expectativas injustas:

- Esperar que su pareja esté al frente de todas las tareas cuando alguien cercano a ella acaba de fallecer.
- Querer que tu pareja se vuelva atlética porque te atrae más la gente atlética.
- Esperar que su pareja cocine una comida maravillosa y mantenga la casa impecable después de un día estresante en el trabajo.
- Exigir que tu pareja se convierta inmediatamente en un gran jugador en ese movimiento que te gusta en la cama, cuando ya están haciendo su mejor esfuerzo.
- Esperar que su pareja tenga las mismas cualidades positivas que su pareja anterior.

Tenga en cuenta que estas expectativas no se aplican a asuntos de compasión, respeto, seguridad, consideración y amabilidad. Estas no cuentan como altas expectativas, esto es decencia humana básica. No importa por lo que esté pasando su pareja, siempre deben cumplir con estas expectativas básicas.

7. Deja de mencionar el pasado.

Para aclarar, no es sacar a relucir el pasado en sí mismo lo que es perjudicial, es cuando sacamos a relucir el pasado para iniciar una discusión. Si ya has hablado de ello y tu pareja se ha disculpado, no debemos seguir acusándola de sus errores. Si hacemos esto, estamos demostrando que no los hemos perdonado realmente. Mientras sigamos guardando rencor, estamos creando negatividad en la relación. O bien deberías dejar atrás este error y perdonar a tu pareja, o si no puedes perdonarlos, haz lo que sea necesario y termina la relación. Continuar tirando los errores del pasado a la cara de nuestra pareja es un acto cruel, ya que los atrapa en el error. No sólo esto, sino que aumenta la probabilidad de que entremos en conversaciones tortuosas que nunca se resuelven. Dado que estamos tan apegados al problema, nunca podremos avanzar hacia soluciones. Deja de usar el pasado como un arma y trata de seguir adelante, si decides quedarte.

8. Expresar gratitud más a menudo

La ciencia ha demostrado que cuando nos acercamos a la vida con gratitud, nos sentimos instantáneamente más felices. Expresar gratitud en nuestras relaciones no sólo conduce a nuestros propios sentimientos de felicidad, sino que también puede ser transformador y poderoso para nuestras parejas. Al mostrarles nuestra gratitud, les recordamos su enorme valor y destacamos lo que están haciendo bien.

Estar en el lado receptor de la gratitud puede ser increíblemente fortalecedor. Si su pareja está pasando por un momento difícil, se encenderá más la motivación y el progreso, en última instancia, la creación de más satisfacción en el largo plazo. Pero lo más importante es que les muestra que sus esfuerzos no pasan desapercibidos y que usted reconoce todo lo que hacen. Esto los hará sentir más positivos y valorados al instante. La gratitud es, en general, una gran victoria para todos. Exprésalo más a menudo! Te alegrarás de haberlo hecho. Es tan simple como decirle a tu pareja "Te quiero y te aprecio" o resaltar una acción específica que hicieron o hacen y explicar con más detalle por qué estás tan agradecido por ello.

Entendiendo su estilo de apego a la relación

Nuestras formas de apego se forman en la primera infancia y juegan un papel importante en nuestras relaciones. Según los psicoanalistas, el estilo de apego que formamos se reduce a la dinámica que tuvimos con nuestros cuidadores durante la infancia. Este estilo determina nuestros patrones de comportamiento, los tipos de relaciones que es más probable que escojamos y, esencialmente, la forma en que satisfacemos nuestras necesidades.

Ningún estilo de apego es "malo" per se, pero algunos son menos propicios para las relaciones armoniosas y más propensos a exhibir un comportamiento poco saludable. En cualquier caso, siempre es importante que seamos conscientes de nuestro estilo de apego (y el de nuestra pareja también) para que podamos tener una mejor comprensión de nuestros patrones de comportamiento y respuestas.

- **El estilo de los aditamentos ansiosos y preocupados**

Aquellos con este estilo tienden a anhelar el apego emocional y pueden tener una historia de relaciones tumultuosas. Tienden a no gustar de estar solos y son propensos a fantasear con su pareja de ensueño. Desafortunadamente, este estilo de apego encuentra muchos factores estresantes en una relación. Muchos de ellos son autoinfligidos. Durante los momentos de angustia emocional, pueden volverse celosos, posesivos o necesitados. Requieren mucho amor y validación, y pueden reaccionar negativamente si no reciben seguridad o refuerzo positivo.

Se puede decir que estos tipos viven mucho en sus cabezas. A menudo son sus peores enemigos, muy preocupados de que los traicionen. Los que tienen este estilo de apego constituyen alrededor del 20% de la población.

- **El Estilo del Apego Evitador de Despedida**

Muy al contrario del tipo Ansioso, el Evitador-Despedazador es altamente autosuficiente. Este tipo muestra una gran independencia y requiere mucha libertad en sus relaciones. Aunque secretamente deseen una conexión profunda, parecerán cerrados y raramente se involucrarán profundamente en las relaciones. Muchas personas que salen con estos tipos terminan quejándose de que parecen emocionalmente no disponibles y a veces, incluso, indiferentes. Se necesita más trabajo para que muestren vulnerabilidad, y algunos incluso pueden tener fobia al compromiso. Tienden a ver la intimidad como una pérdida de su libertad personal.

Los tipos evasivos están tan acostumbrados a cuidar de sus propias necesidades que pueden llegar a estar plagados de obsesiones como una forma de automedicarse. Esto puede ser abuso de sustancias, o algo menos dañino como el ejercicio o la comida. Aproximadamente el 23% de la población está compuesta por estos tipos.

- **El estilo de apego temeroso y evasivo**

Este tipo vive con muchos conflictos. Una combinación de los dos estilos anteriores, el Fearful-Avoidant exhibe un patrón de comportamiento push-pull. Anhelan profundamente una conexión cercana y, sin embargo, una parte de ellos quiere huir a un lugar seguro. Desafortunadamente, este tipo tiende a hacer ambas cosas. Durante sus peores momentos, pueden aferrarse a su pareja e incluso parecer bastante necesitados. Pero una vez que su pareja se acerca a ellos y los consuela, de repente pueden sentirse sofocados y atrapados. Al igual que los tipos ansiosos, las personalidades temerosas también son propensas a las relaciones turbulentas.

Estos tipos impredecibles no tienen una estrategia fija para satisfacer sus necesidades. Sus patrones de comportamiento son a menudo el resultado de un trauma por abandono o abuso. Este es el estilo de apego más raro, representando sólo el 1% de la población.

- **El Estilo de Fijación Segura**

Como su nombre lo indica, este estilo de apego es el más seguro de los cuatro, y es ampliamente considerado el más sano emocionalmente. Tienen niveles más altos de inteligencia emocional y les resulta más fácil regular sus emociones. Los límites saludables son fáciles de establecer y tienen una perspectiva generalmente positiva sobre las relaciones. Este tipo se siente seguro en una relación, y también lo hacen bien por su cuenta. En general, tienden a estar más satisfechos en las relaciones y les resulta mucho más fácil formar una conexión saludable.

El estilo Secure Attachment se forma cuando la infancia se vive como algo positivo. Los cuidadores fueron percibidos como seguros y protegidos, por lo que continúan proyectando esta experiencia en todas las relaciones futuras. Este es el tipo más común de todos, con un 57% de la población caracterizada como Segura.

La mayoría de la gente no cambia sus estilos de apego, pero es completamente posible hacerlo. Cualquier persona con uno de los estilos menos saludables puede desarrollar cualidades más seguras con un tremendo auto-trabajo. Para que esto suceda, sin embargo, el individuo debe buscar terapia y/o buscar la compañía de alguien con un estilo de apego seguro. Al cultivar la autoconciencia y la voluntad de desarrollar mejores hábitos, cualquiera puede salir de su comportamiento insalubre.

Consejos imprescindibles para iniciar una nueva relación cuando se tiene un historial de malas relaciones

¿Tienes uno de los primeros tres estilos de apego? Si es así, es probable que haya tenido algunas relaciones malas, tal vez hasta relaciones abusivas. Usted puede estar trabajando a través de algún comportamiento negativo o incluso abiertamente destructivo, pero tenga la seguridad de que es posible seguir adelante. Mucha gente lo ha hecho por su cuenta. Y con un compañero cariñoso a su lado, pueden trabajar en ello juntos.

El trauma que sufrimos puede moldear la forma en que nos comunicamos con nuestras parejas y los factores estresantes imaginarios que es más probable que experimentemos. Por esta razón, podemos expresar más miedo, enojo o angustia en situaciones que normalmente no molestarían a alguien. Esto no siempre es justo para nuestras parejas, especialmente porque ellas no son las que nos lastiman, y es importante que no nos volvamos abusivos o que no causemos dolor a nuestras nuevas parejas. Tenga en cuenta los siguientes consejos para mantener su salud emocional y mental, al mismo tiempo que es considerado con su pareja.

Comunicación En Las Relaciones

Tenga en cuenta que si su trauma es grave, estos consejos no tienen la intención de sustituir la ayuda de un profesional de salud mental.

1. Haga una lista del comportamiento que ya no tolerará

Para dar vuelta una nueva hoja con éxito, es esencial que identifiquemos lo que deseamos eliminar de nuestras vidas. Si usted ha tenido un historial de experimentar dolor, haga una lista del comportamiento de sus parejas anteriores que le causó dolor significativo. Esta lista es exactamente lo que no deberías tolerar en las relaciones de ahora en adelante. No hay manera de poner excusas para futuras parejas abusivas porque esta lista lo hace simple; o lo hicieron o no lo hicieron. Refiérase a él para recordarse de su contenido y siéntase libre de mostrárselo a sus nuevas parejas una vez que esté saliendo seriamente con ellos.

Tener esta lista también es útil porque durante los momentos de angustia emocional, nuestros sentimientos pueden nublar nuestro juicio. Puede salvarnos de dirigir una ira injustificada o de enfadarnos con compañeros que no hicieron nada malo. Por ejemplo, si usted está teniendo un mal día, puede sentirse más sospechoso o ansioso de lo normal. Si su pareja hace algo, usted puede reaccionar de manera exagerada. Mirando hacia atrás en su lista, verá que su pareja no mostró realmente el comportamiento que usted describió. Esto dejará claro que el sentimiento probablemente viene de adentro, porque usted está teniendo un mal día.

Para que esta lista sea verdaderamente exitosa, debemos escribir estrictamente el comportamiento y no las emociones. Añadir a tu lista que no tolerarás que nadie te cause dolor hace que las cosas sean difíciles; a veces podemos imponernos dolor a nosotros mismos y creer erróneamente que es culpa de nuestras parejas. Y siéntase libre de obtener una opinión externa sobre si el comportamiento anotado es suficiente y razonable.

2. Cuando esté listo, comparta lo que sucedió con su nueva pareja

Para que nuestras parejas nos apoyen de la mejor manera posible, necesitan saber a qué se enfrentan. Sin saber qué pasó y cómo nos afectó, no tendrán ni idea de cómo ayudar. Comparta con ellos lo que pasó, lo que necesita de ellos y lo que está haciendo para ayudarse a seguir adelante.

Si no está listo para decírselo todavía, espere hasta que usted esté listo, pero mientras tanto, no espere que ellos sólo *sepan* cómo ayudar. Si crees que no estarás listo para compartir con ellos en un futuro cercano, no dudes en pedirle a un amigo que se lo cuente a tu nueva pareja. Aunque esta no es la manera ideal de hacerles saber, es mejor que dejarlos en la oscuridad. En general, siempre es mejor que su nueva pareja tenga la mayor cantidad de información posible para que pueda ofrecerle el apoyo exacto que usted necesita.

3. Confíe en su sistema de apoyo siempre que sea necesario

Nuestros amigos y familiares más cercanos son nuestros mejores aliados. Si alguna vez no estás seguro, úsalos como tu caja de resonancia y pídeles una opinión externa. Nuestros sentimientos no siempre son dignos de confianza, ya que los traumas del pasado nos predisponen a sentirnos de cierta manera. Pídale a alguien en quien confíe que pueda darle una opinión neutral. No tomes todas las decisiones importantes por tu cuenta.

Además, también es esencial que la persona en la que usted confía para el consejo sea alguien cuya vida amorosa usted busca emular. No todas las opiniones son iguales. Si una persona en una relación sana te da un consejo, pero diez personas en malas relaciones dicen lo contrario, siempre debes escuchar a la persona que ha vivido el resultado que más deseas. Busca a las personas más neutrales posibles; si luchas con los celos, no pidas consejo a alguien que también luche con los celos.

4. Resistirse a hacer comparaciones con parejas anteriores anteriores

Cuando estamos en una nueva relación, es completamente natural que nuestros cerebros usen relaciones pasadas y parejas como puntos de referencia. Esto es lo que el cerebro hace para tratar de entender una nueva situación. Aunque el instinto es natural, tenga en cuenta que sus análisis no siempre son correctos. Cuando nos encontramos con un nuevo territorio, nuestras experiencias pasadas son un conjunto muy limitado de conocimientos para extrapolar.

Haga el esfuerzo de recordar que su pareja actual no es su pareja anterior. Su cerebro tratará de hacer comparaciones, pero resista cuando pueda. Si la actitud de su nueva pareja es diferente a la que usted experimentó anteriormente, recuérdese que no hay razón para esperar el mismo resultado. Si no hay pruebas reales, no hay razón para creer lo peor. Si tu anterior pareja te engañó con un amigo del sexo opuesto, recuerda que hay muchas personas que no lo hacen. No hay razón para enfadarse o disgustarse de inmediato. Su pareja actual no le hizo daño como su pareja anterior, así que no los castigue por algo que no hicieron.

Es especialmente importante que no hagamos comparaciones con las parejas anteriores. Si nuestra actual pareja no ha hecho nada malo, esto resultará muy insultante. Si siente el impulso de hacer esto en el calor del momento, resista a toda costa.

5. No espere que su pareja arregle todo por usted

Definitivamente debe esperar el apoyo de su pareja durante los momentos de curación. Sin embargo, hay una gran diferencia entre el apoyo y una muleta emocional o psicológica. El apoyo cruza la línea hacia el territorio de las"muletas" cuando dejas de hacer cosas por ti mismo. En lugar de hacer el trabajo personal para transformar su comportamiento y patrones de pensamiento, usted espera que su pareja cambie *su* comportamiento. De repente hay una intensa presión sobre el compañero de"muleta" para que arregle todo y si algo sale mal, automáticamente se convierte en su culpa. Evite esta dinámica a toda costa! Esta es una manera segura de hacer que su pareja se resienta con usted y nadie los culpará - forzar a alguien a ser su muleta es cruel!

Cuando nos involucramos en dinámicas como ésta, inmediatamente nos quedamos estancados. Ya que alguien más nos está cuidando, nunca nos desafían, y esto significa que no creceremos. Recuerde que sentirse incómodo no siempre es malo. Siempre debemos examinar nuestras molestias y ver si es algo en lo que podemos trabajar, antes de pedirle a alguien que cambie. No espere que su pareja satisfaga todas sus necesidades (¡y más!) sin satisfacer ninguna de las suyas a cambio. Una historia de malas relaciones no es una buena excusa para aprovecharse de una nueva pareja.

6. Empiece a hacer del autocuidado una parte esencial de su rutina

Una cosa poderosa que podemos hacer por nosotros mismos es participar en prácticas de autocuidado. Olvídese de la idea de que el autocuidado es sólo para ocasiones especiales e incorpórelo a su rutina diaria o semanal. El autocuidado no tiene por qué costar dinero; sólo significa que te estás permitiendo hacer lo que sea que te haga sentir tranquilo y que te cuide. Sabes que es auto-cuidado cuando te reconectas con quien eres y cuando te sientes en paz. Esto puede significar tomar un baño de burbujas caliente y escuchar su música favorita. O esto puede significar ir a un café relajante, escribir un diario y leer un gran libro o darse un gusto con algunos productos horneados. Si tienes un presupuesto mayor, puedes recibir un masaje y darte un capricho con chocolate. Las posibilidades son infinitas!

Cuando empezamos a hacer del autocuidado parte de nuestra rutina, también reconectamos nuestro cerebro para sentir sus efectos con más frecuencia. No es sólo el baño de burbujas o el masaje lo que se convierte en la nueva norma, la paz y la calma también se convierten en una norma. Esto es esencial cuando nos estamos recuperando de un trauma porque tenemos una gran necesidad de recablear las respuestas y los impulsos. Además de esto, sin embargo, es un símbolo poderoso para el nuevo capítulo que comenzarás. Al hacerse tiempo para concentrarse en usted, usted está prometiendo empezar a pensar en sus necesidades con más frecuencia. Usted está reconociendo su importancia y está diciendo no a las relaciones que le causan dolor. Cuidados personales para la victoria.

Capítulo Siete - La bomba de tiempo que hace tictac

Cuando estamos considerando parejas potenciales, tendemos a poner demasiado peso en la emoción y la pasión. Aunque eso es, sin duda, extremadamente importante, descuidamos lo que realmente hace la carne de una relación. Casi cualquier persona puede traer un momento de diversión a la mesa, pero ¿qué harán durante los tiempos difíciles? ¿Las noches oscuras en las que una discusión gira en círculos? Cuando se levantan las voces y se siente como si tu sangre estuviera hirviendo? La manera en que usted y su pareja se comportan y reaccionan en estas situaciones es lo que más influye en su relación. Su vida sexual y el número de intereses que tienen en común: ninguno de estos factores es una verdadera prueba de su fuerza como equipo. El mayor significado de la fuerza de su relación es cómo pelear y cómo encontrar soluciones a los problemas.

Incluso si son almas gemelas y se divierten todos los días, va a haber días y noches en los que no se soportarán. Aunque nadie es perfecto al principio de una relación, es esencial que aprendamos con el tiempo. Llegará un momento en el que tendremos que manejar una bomba de relojería (una situación muy delicada) y, para evitar que explote, se necesitan los conocimientos y las herramientas necesarias. Espere que surjan desafíos y esté preparado para resolverlos.

Cuándo pulsar el botón de pausa o de parada

La comunicación abierta puede resolver muchos problemas, pero hay momentos en los que hay que dar un paso atrás. Hablar no siempre mejora las cosas, a veces puede causar daño y angustia innecesaria. Si es una discusión importante, entonces presione el botón de pausa y reanude la conversación cuando ambas partes estén más sensatas. Si la conversación no es sobre nada importante, oprima "stop" y deje el tema como si fuera una papa caliente. Estas son las señales que necesita para refrescarse y dejarlo reposar:

- **Las emociones están en su apogeo**

Si hay lágrimas, voces levantadas, y tienes la sensación de que alguien (y esto te incluye a ti) puede explotar, presiona el botón de pausa. Cuando las emociones se vuelven demasiado cargadas e intensas, hay una mayor probabilidad de que alguien se desborde y diga algo hiriente. Incluso puedes tomar una decisión que no puedes retractarte. Para presionar pausa con éxito, diga algo como:

"Siento que ambos nos estamos consumiendo demasiado por nuestras emociones. ¿Por qué no nos calmamos y reanudamos esta conversación más tarde? Quiero resolver este problema y en nuestro estado actual, no creo que podamos".

Una vez que ambas partes hayan tenido la oportunidad de refrescarse, usted regresará más racional y sensato. Un desastre potencial habrá sido evitado y usted se sentirá agradecido por tomar ese descanso.

- **Has tenido esta conversación antes y no terminó bien.**

Para muchas parejas, puede haber discusiones recurrentes que nunca parecen resolverse. Algunos de estos pueden sacar lo peor de ambos miembros de la pareja y terminar en comentarios amargos e hirientes que causan mucho daño. Si encuentra que este callejón sin salida está surgiendo de nuevo, córtelo de raíz mientras pueda. Considere la posibilidad de decir:

"La última vez que tuvimos esta charla, ambos dijimos muchas cosas que no queríamos decir. Siento que hizo más daño que bien, y realmente no quiero que se repita esa situación. Realmente quiero arreglar esta situación, así que, ¿qué tal si nos tomamos un tiempo para pensar en soluciones? Cada uno de nosotros puede pensar en maneras de seguir adelante. Y podemos reanudar esta discusión cuando tengamos nuevas ideas que poner sobre la mesa".

Si la discusión no tiene relación con la relación, simplemente señale lo que sucedió la última vez y diga que usted siente que es mejor estar de acuerdo en no estar de acuerdo. Cada pareja tendrá sus propias versiones de temas sin salida, y usted necesita aprender cuando no es importante ganar.

- **Al menos uno de los miembros de la pareja está cansado**

Cuando estamos cansados, a veces podemos perder la energía necesaria para regularnos a nosotros mismos y a nuestras emociones. Eso no quiere decir que las emociones que sentimos cuando estamos cansados no sean reales. De hecho, a menudo esto puede mostrar lo que realmente sentimos - pero nos volvemos menos capaces de lidiar con ellos de manera madura y efectiva. Cuando tenemos energía, nuestro cerebro puede fácilmente pasar por el proceso de organizar nuestras palabras y pensamientos de una manera clara y constructiva. Cuando no tenemos energía, nuestros cerebros pueden fallar en iniciar este proceso o hacerlo apropiadamente.

Cuando entramos en un argumento en este estado de cansancio, no estamos usando las mejores herramientas que tenemos. No estamos equipados para estar en la arena y es mejor que salgamos antes de causar daños. En este estado de ánimo, es mucho más probable que reaccionemos de forma exagerada y digamos algo que no queremos decir. No siempre debemos esperar que nuestras parejas entiendan que sólo estamos cansados y que seguimos adelante. Si lo que decimos es genuinamente hiriente, puede causar un profundo dolor. No inicie conversaciones serias con su pareja cuando una de ellas no pueda comunicarse eficazmente en ese momento.

- **Las palabras han empezado a ser hirientes**

Por una u otra razón, una conversación puede empezar a agriarse. Usted sabrá que esto está comenzando a suceder porque su pareja dirá algo que le pica o usted dirá algo que normalmente no diría. Si usted nota que el tono y el lenguaje están comenzando a ser agresivos o mezquinos, entonces necesita alejarse inmediatamente y calmarse. Este es el punto de nuestros argumentos que siempre debemos tratar de evitar. Nuestras acaloradas conversaciones nunca deben doler. Y si lo hace, sepa que ha ido demasiado lejos.

No te vayas sin decir ni una palabra, ya que esto aparecerá como una tormenta, lo que sólo podría enfurecer aún más a tu pareja. En su lugar, señale a su pareja que usted ha comenzado a decir cosas que no quiere decir, y enfatice que no quiere co-crear una situación que cause daño duradero. Sugiérales que se tomen el tiempo para calmarse y piensen en formas más constructivas de comunicar sus puntos.

- **La conversación está dando vueltas en círculos**

Esto sucede a menudo cuando ambos miembros de la pareja están cansados, especialmente cuando se han agotado por tener una discusión tan larga. Notarás que los mismos puntos siguen siendo planteados, las mismas respuestas hechas cada vez, y sin embargo, de alguna manera, sigues volviendo a lo mismo una y otra vez.

Esta es una señal de que su conversación ha dado vueltas en círculos. Si alguien no lo termina pronto, sólo continuará y continuará, y es probable que nunca se encuentre una solución. Trate de señalar que la conversación se ha vuelto tortuosa tan pronto como lo note. Podría terminar con declaraciones hirientes, pero incluso si no lo hace, es una gran pérdida de tiempo y energía para ambas partes.

Si encuentras que un cierto tema te lleva en círculos mucho, considera tener esta conversación por correo electrónico. Cuando se escriben las discusiones, es mucho más fácil ver dónde está la confusión. Al examinar detenidamente las respuestas, queda claro por qué la discusión siempre se vuelve tortuosa.

- **El resultado de la discusión no afectará a la relación**

Si la conversación se está calentando, considere si el tema realmente importa. Digamos que ambos han empezado a discutir sobre un tema en las noticias. Pregúntese qué diferencia hay si ambos están de acuerdo o en desacuerdo. ¿Discutir sobre este tema hace que se diviertan menos juntos? ¿Te duele de alguna manera? ¿Afecta a alguna de sus habilidades el ser buenos compañeros el uno para el otro? Si la respuesta es "no" a todas estas preguntas, entonces este tema no es tan importante. El resultado no afecta su relación de ninguna manera - así que no se irriten por nada.

Cómo plantear sus inquietudes de la manera correcta

Si vas a estar en una relación feliz y saludable, necesitas saber cómo plantear tus preocupaciones de la manera correcta. En otras palabras, sin causar un daño significativo a su pareja y siendo lo suficientemente honesto como para incitar al cambio. Estas son situaciones increíblemente delicadas, así que preste mucha atención a los siguientes consejos:

- **Elegir cuidadosamente el momento**

¿Recuerdas lo que dijimos sobre prestar atención a la sincronización? Eso es aún más importante cuando estamos a punto de tener una gran charla. No saque a relucir conversaciones serias cuando su pareja esté teniendo un mal día o cuando esté exhausta. ¡Esto no conducirá a un resultado favorable! Lo mejor que puedes hacer es acercarte a tu pareja cuando está descansada, tranquila y sin pasar por un momento difícil.

- **Resistirse a decir "pero..." para suavizar el golpe**

Siempre pensamos que le estamos haciendo un favor a alguien comenzando con un positivo antes de llegar a lo negativo - pero en realidad esto no es cierto. Tomemos, por ejemplo, la declaración: "Me encanta lo apasionada que te has vuelto con la decoración del hogar y creo que tienes algunas ideas geniales, pero no estoy segura de que me gusten estos nuevos cambios".

Tan pronto como el "pero" entra en juego, la primera parte de la frase no significa nada. Puede ser aún más perturbador porque usted ha hecho que su pareja se ilusione al comenzar con algo tan positivo, pero estas esperanzas son completamente pisoteadas para cuando usted termina la oración. ¡Su pareja es inteligente! Saben que el verdadero punto es todo lo que viene después del "pero". No intente suavizar el golpe con esta (mala) técnica, y hágalo con un lenguaje cuidadoso. Hablando de eso...

- **Utilice todo lo que ha aprendido sobre el lenguaje amable y constructivo**

Hemos sacado el tema del lenguaje constructivo en un capítulo anterior, y es hora de dar un buen uso a esa lección. Este es el momento perfecto para usar sus afirmaciones de ¡"Yo" o "Yo siento"! En lugar de expresar tus preocupaciones en términos de lo que tu pareja hizo, redefínelas para que se refieran a lo que tú sientes. Mantente alejado del lenguaje absoluto y de las suposiciones, y asegúrate de que ninguna frase empiece con "tú".

Si te molesta que rara vez te ayuden con los quehaceres, resiste la tentación de decir: "Nunca ayudas con los quehaceres y no te importa cómo me afectan a mí". En vez de eso, trate de decir algo como, "Siento que no estoy recibiendo suficiente ayuda con los quehaceres. Me sentiría mucho mejor si pudiéramos tener una distribución más uniforme de las tareas". Note que no hay ninguna mención de "usted" en absoluto. Esto es ideal porque su pareja no se siente acorralada y no hace ninguna suposición. También estamos reduciendo la posibilidad de una discusión porque es difícil discutir con lo que alguien siente. Esa es su realidad.

- **Prepárese para el retroceso o las preguntas**

Usted siempre debe prepararse para la posibilidad de que su pareja se retrase un poco. Esto no significa necesariamente que será con enojo o frustración, pero si usted piensa que hay una posibilidad de que esto suceda, entonces definitivamente prepárese para ello. Considere todas las formas en que su pareja podría tratar de discutir con ella y piense en una respuesta constructiva y segura. Esto es especialmente importante si usted es la pareja más sumiso y tiene tendencia a ceder. Por ejemplo, en el escenario anterior podría decir: "Pero lavé los platos la semana pasada" o "Pero no soy tan bueno haciendo las tareas como tú". Usted conoce a su pareja lo suficientemente bien como para anticipar con cierta precisión cuáles podrían ser sus protestas. Incluso si sus respuestas son exasperantes, manténgase calmado y constructivo.

- **Concluir con soluciones y positividad**

No se limite a sentarse y guisar en el problema en cuestión, esté listo para encontrar una solución. Su pareja también puede tener algunas ideas, pero para el mejor resultado, traiga sus propias ideas a la mesa. Piensa en el siguiente paso y dale a tu pareja un lugar por donde empezar. Esta es la mejor manera de resolver un problema, porque esencialmente dices: "Este problema es fácil de resolver y aquí, esta es la oportunidad perfecta". Podemos empezar a mejorar las cosas ahora mismo!"

Volviendo a nuestro problema de ejemplo, la persona afectada podría decir: "Creo que una buena manera de resolver esto sería turnarse cada semana para hacer las tareas. ¿Qué tal si hago el resto de esta semana y puedes empezar el lunes?" Note cómo esto hace que la situación parezca instantáneamente más positiva. El problema ya no es el punto, es la solución.

Como mencionamos en un punto anterior, no es una buena idea comenzar la discusión con una declaración de "pero" en la que se pasa de positivo a negativo, pero lo contrario es una idea mucho mejor. Añada la declaración positiva al final de la conversación para que pueda terminar con una buena nota.

5 Declaraciones para Desactivar Instantáneamente una Discusión acalorada

Ocurre en todas las relaciones. A veces te encuentras en una conversación con tu pareja que ha pasado de ser perfectamente fría a ser muy caliente, y no en el buen sentido. Tal vez sea porque acaban de tener un día duro y están de mal humor, o tal vez se despertaron en el lado equivocado de la cama. Sea lo que sea, no puedes domar el fuego en su actitud y todo lo que sabes es que debe detenerse ahora. Mantenga estos estados de cuenta en su bolsillo trasero para calmar inmediatamente una situación calurosa:

1. **"Veo tu punto de vista."**

Cuando decimos esto, validamos el punto de vista de nuestra pareja. Esto puede calmar a alguien porque todo lo que realmente queremos es que se entienda nuestro punto de vista. Seguimos discutiendo porque queremos hacernos oír. Eliminar la necesidad de seguir discutiendo, diciendo que ya se han hecho oír.

2. **"Entiendo."**

Esta afirmación es ideal para calmar una situación sin ceder. Al decir que entiendes, no estás admitiendo que estás equivocado; sólo estás diciendo que comprendes su punto de vista. Al igual que en la declaración anterior, usted les está haciendo saber que lo que han dicho ha sido recibido con esmero.

3. **"¿Qué puedo hacer para mejorarlo?"**

En lugar de alimentar el argumento, trate de cambiar la conversación hacia posibles soluciones. Sin agitar la olla, le estás haciendo saber a tu pareja que estás listo para arreglar la situación. Esto los hará más dispuestos a cooperar. Esta declaración hace maravillas, pero usted debe estar dispuesto a hacer un trabajo extra. Ya que usted le está haciendo saber a su pareja que quiere mejorar las cosas, debe cumplir con esa promesa.

4. "¿Qué necesitas ahora mismo?"

Al igual que la respuesta anterior, te saltas el argumento y vas directamente a la solución. Su pareja se sentirá más conmovida por esta pregunta porque usted les está preguntando directamente qué es lo que necesitan. Esto puede cortar el núcleo de un argumento porque usted está diciendo: "Sé que no se trata realmente de esto. Sé que es sobre ti, y lo que no entiendes. Quiero ocuparme de eso". Adopte una actitud más cariñosa y esté dispuesto a hacer lo que su pareja dice que necesita.

5. "Lo siento."

No subestimes el poder de las disculpas. Puede reducir un fuego ardiente a una sola brasa ardiente. A veces, no vale la pena discutir hasta que nuestras cabezas se ponen azules. Disculparse no siempre se trata de admitir la derrota o dejar que su pareja gane, se trata de elegir la armonía por encima de su ego. No siempre significa "Tienes razón, me equivoco", a veces puede significar "Me duele verte tan molesto y siento que te sientas así".

Qué NO decir durante una discusión

Hemos cubierto lo que deberías decir. Ahora, vayamos a lo que definitivamente no deberías decir. Si se encuentra en una discusión o discusión acalorada, manténgase alejado de las siguientes frases y oraciones si desea evitar una explosión.

1. "Cálmate."

Es una afirmación importante, pero lo diré: nunca en la historia de la humanidad se ha sentido la necesidad de "calmar" a una persona disgustada. Incluso si tienes buenas intenciones, esto es condescendiente y poco comprensivo. La persona que necesita calmarse tiene una profunda necesidad de empatía y comprensión; esta afirmación demuestra lo contrario. Muestra que la persona que no está molesta no entiende nada, ya que piensa que debería ser tan fácil para su pareja dejar de expresar sus emociones en ese momento. Si usted dice esto, no obtendrá una respuesta positiva. Evítelo a toda costa y en su lugar pídales que compartan más con usted.

2. "¡Otra vez esto no!"

Si su pareja está molesta y usted lamenta el hecho de que estén molestos por algo *otra vez,* esto sólo creará más ira. Al decir esto, estamos invalidando a nuestro compañero. Estamos mostrando molestia e impaciencia por sus verdaderos sentimientos. Esencialmente decimos que no nos importa porque ya han estado molestos por eso antes. En lugar de mostrar cuidado, estamos siendo condescendientes e insinuando que su reacción es ridícula.

3. "Si no lo haces, entonces voy a romper contigo."

Esto es un gran no-no en las relaciones. De hecho, muchas personas lo consideran abuso emocional. Si estás amenazando a tu pareja con una ruptura para que haga algo, estás mostrando un comportamiento cruel, especialmente si no eres realmente serio. Sin embargo, incluso si lo está expresando como una amenaza, podría causar mucho daño. Si tu pareja deja de hacer lo que sea que estén haciendo y tú continúas en una relación, este momento los dejará con mucha ansiedad. Comenzarán a sentirse como si estuvieran caminando sobre cáscaras de huevo. Si empiezan a hacer cambios por ti, sólo estarán actuando por miedo, en lugar de amor.

Para transmitir correctamente cómo te sientes sin recurrir a las amenazas, recuerda utilizar las afirmaciones de la "I". En lugar de decir: "Si no dejas de hablar con él, voy a romper contigo", trata de decir: "Me siento muy molesto por lo mucho que le hablas a este otro tipo. Comienza a molestarme a un nivel profundo y me preocupa que afecte mi capacidad de ser una pareja saludable para ti".

9 Problemas de relación que no se pueden arreglar

Por mucho que te esfuerces, hay algunos problemas en una relación que no se pueden evitar nueve de cada diez veces. Usted puede ser un maestro comunicador, y tal vez también su pareja, pero a veces, no hay mucho que usted pueda hacer. Si su relación tiene alguno de los siguientes problemas, puede ser mejor que se vaya antes de que ambos miembros de la pareja comiencen a sufrir.

1. Hacer trampas en serie

Un caso de infidelidad puede hacer trizas una relación, pero aún así, es salvable - si la pareja que hace trampas hace cambios duraderos en su comportamiento. Pero la infidelidad continua es un tema diferente. Esto indica que la pareja infiel tiene un problema real, y que no pueden estar en una relación saludable hasta que lo resuelvan por sí mismos. Deja de hacer concesiones por una pareja que te engaña constantemente. Sólo llevará a más dolor. Ninguna cantidad de buena comunicación arreglará esto. Depende enteramente de la persona que hace trampas hacer el trabajo por su cuenta. Y si no han empezado ahora, ¿por qué esperar y seguir saliendo lastimados?

2. Demasiado desprecio

Es normal estar enojado con su pareja por algo, pero el desprecio es una historia diferente. El desprecio es más profundo y es mucho más persistente. Sucede cuando un compañero no puede dejar pasar algo. Ha comenzado a roerlos, no pueden olvidarlo ni perdonarlo, y ha causado resentimiento. La culpa podría ser de cualquiera. Puede ser culpa de la pareja que no se atiene a las normas por haber herido profundamente a su pareja, o puede ser culpa de la pareja que se niega a curarse y a dejarse llevar. Un poco de desprecio es normal después de un evento perturbador, pero se transforma en desprecio cuando el tiempo ha pasado, y el tiempo no ha sanado ninguna herida en absoluto.

3. Trastorno de personalidad narcisista

Hay una gran diferencia entre ser un narcisista y ser un narcisista clínico, es decir, tener un Trastorno de Personalidad Narcisista. Si su pareja es un poco vanidosa, ocasionalmente hace declaraciones de cabezones, pero aún así puede asumir la responsabilidad por sus errores, entonces es probable que su pareja sea un narcisista común en minúsculas. Pueden ser molestos a veces, pero no tienen un trastorno de personalidad y aún así se puede progresar con ellos. Un narcisista, por otro lado, no puede ser arreglado y es mejor alejarse ahora antes de que usted se lastime más. Los narcisistas clínicos son incapaces de rendir cuentas de nada y no están dispuestos a reconocer las necesidades de otras personas. No es posible para ellos estar en una relación saludable y feliz.

4. Objetivos contradictorios

Usted puede tener todos los mismos intereses comunes, pero al final del día, los objetivos en conflicto pueden ser un asesino. Algunas parejas pueden tener la suerte de llegar a un acuerdo, pero algunos objetivos están en extremos opuestos del espectro. Si usted desea desesperadamente tener hijos y su pareja no los quiere en absoluto, no hay manera de comprometerse en esto. A menos que alguien cambie de opinión, ambos miembros de la pareja no pueden conseguir lo que quieren y esto significa que uno de ellos está condenado a sentirse insatisfecho. Esto puede llevar al resentimiento e incluso puede arruinar una conexión. Al final, puede resultar no sólo en dolor, sino en mucha pérdida de tiempo.

5. Abuso

Si uno de los miembros de la pareja se involucra en un comportamiento abusivo, ya sea físico o emocional, la relación debe terminar tan pronto como sea posible. El comportamiento abusivo es tóxico y sólo arrastrará a ambos miembros de la pareja a un ciclo de dolor que continúa hasta que se sale de los límites. La pareja abusiva siempre tiene la culpa y su comportamiento demuestra que son incapaces de estar en una relación saludable en la etapa actual de su vida. Se aconseja que esta pareja abandone la relación, deje de lastimar a la otra pareja y siga la terapia para que se convierta en una compañera más sana y cariñosa.

Es menos probable que la pareja abusiva admita que lo que está haciendo es un problema, por lo tanto, puede ser decisión de la pareja abusiva encontrar la fuerza para irse. Los amigos y la familia están en la mejor posición para poner fin a una relación tan volátil. Si usted está cerca de alguien que está sufriendo de abuso, vea si puede ayudar a sacarlo de la mala situación.

6. Incapacidad para crecer

El conflicto es una parte natural de cualquier relación, y si ambos miembros de la pareja están sanos, deben encontrar maneras de lograr una mejor armonía. Sin embargo, por una razón u otra, uno o ambos miembros de la pareja pueden encontrar que hay una persistente falta de crecimiento. En otras palabras, hay un patrón de calidad o comportamiento que ha continuado teniendo un efecto negativo sin ninguna mejora, aunque nuestra pareja sabe que queremos ver un cambio. Esto es sólo un gran problema si la conducta de la que hay que salir está afectando la felicidad de la relación.

Por ejemplo, si su pareja ha estado trabajando en sus problemas de ira durante años pero sigue siendo tan turbulento como al principio, reconsidere si puede aguantar esto en el futuro. Si tu pareja continúa coqueteando con otras personas a pesar de que repetidamente le has señalado que te molesta, es probable que esto no cambie nunca. En un momento dado, se hace evidente cuando ciertas cuestiones están aquí para quedarse y es importante que tomemos la decisión correcta con respecto a nuestro futuro. O este comportamiento está demasiado arraigado en sus personalidades o no están motivados para buscar este crecimiento. Elija lo que es correcto para su cordura y deje de esperar por un cambio que probablemente no llegará.

7. Discusiones constantes e inútiles

Es posible que pasemos por períodos de discusiones con nuestras parejas, especialmente si estamos pasando por una mala racha en nuestras vidas, pero si este suceso es persistente y es una pérdida constante de energía, es el momento de detenerse a pensar. Las frecuentes discusiones sin sentido son a menudo una señal de un problema mucho más profundo. A veces ambos miembros de la pareja han dejado de ser compatibles, se han desenamorado o han desarrollado un profundo resentimiento el uno por el otro. Es muy raro que estos problemas se puedan solucionar. Si es más fácil separarse de su pareja que estar con ella, puede ser el momento de ponerle un corcho.

8. Incapacidad para confiar

Es cierto lo que dicen; sin confianza, una relación no es nada. La confianza es la base de toda relación. Y sin una base sólida, no importa lo glamoroso e impresionante que sea el resto, se desmoronará tan pronto como cambie el viento. Una vez que se rompe la confianza, es extremadamente difícil reconstruir. Puede tomar años y mucho trabajo duro si una pareja decide intentarlo y hacerlo funcionar, e incluso entonces, a veces no tiene éxito. En cada relación, debemos tener la seguridad básica de que nuestra pareja no nos hará daño ni nos traicionará. Considera cuán profundamente rota está la confianza y si alguna vez te ves recuperándote completamente.

9. Sentimientos profundos por un tercero

Todos podemos superar la lujuria o un leve enamoramiento, pero si es más que eso, estamos tratando con algo completamente distinto. A veces, los sentimientos que una pareja tiene hacia un tercero son muy profundos, e incluso pueden estar rayando en el amor. Para que los sentimientos lleguen a este punto, la pareja en cuestión tendría que estar expuesta a este tercero durante un largo período de tiempo. Sabemos esto porque toma un tiempo para que los sentimientos profundos se desarrollen.

Hay mucha menos esperanza para la relación si la pareja en cuestión ha estado buscando intencionalmente la compañía de este tercero. Este comportamiento muestra un gran problema con el autocontrol - y esto podría plantear un serio problema para la relación en el futuro. Si se produce este escenario, puede ser beneficioso que la relación termine.

Comunicación En Las Relaciones

Es una historia ligeramente diferente si la pareja con sentimientos los ha desarrollado debido a la exposición involuntaria, por ejemplo, a través del trabajo. En este caso, no se trata de una cuestión de autocontrol y hay esperanza. Sin embargo, la única manera de solucionarlo es alejándose completamente de todas las situaciones que involucren a terceros. Si se trata de un compañero de trabajo, significa tomar una gran decisión, como dejar el trabajo causando exposición. De lo contrario, estos sentimientos sólo crecerán.

La buena noticia es que la mayoría de las parejas pueden, de hecho, resolver sus problemas. Si su problema de relación no estaba en la lista, hay más posibilidades de que usted resuelva sus problemas. Y aunque los problemas enumerados son en su mayoría ineludibles, siempre habrá excepciones. En cualquier caso, siempre se necesita mucho trabajo duro, comunicación amable y una cooperación increíble para ver un cambio positivo.

Capítulo Ocho - Profundización del vínculo

Un mensaje corto del Autor:

¡Hey! Hemos llegado al capítulo final del audiolibro y espero que lo hayan disfrutado hasta ahora.

Si aún no lo has hecho, estaría muy agradecido si pudieras tomarte un minuto para dejar una revisión rápida de Audible, ¡incluso si se trata de una o dos frases!

Muchos lectores y oyentes no saben lo difíciles que son las críticas y lo mucho que ayudan a un autor.

Para ello, sólo tienes que hacer clic en los 3 puntos de la esquina superior derecha de la pantalla dentro de la aplicación Audible y pulsar el botón "Rate and Review".

A continuación, se le llevará a la página de "evaluación y revisión", donde podrá introducir su clasificación por estrellas y luego escribir una o dos frases.

Es así de simple!

Espero con interés leer su reseña, ya que yo personalmente leo cada una de ellas.

Estoy muy agradecido ya que su revisión realmente marca una diferencia para mí.

Ahora volvamos a la programación programada.

Siempre hay algo más que podemos hacer para profundizar el vínculo en nuestra relación. Al final del día, no sólo debemos sentirnos como amantes; también debemos sentirnos como amigos y hasta cierto punto, como familia. Cuando sentimos una fuerte conexión con nuestras parejas, hay una probabilidad mucho mayor de que la comunicación sea amable, útil y transformadora. Además, una buena conexión significa que es mucho más probable que sigamos nuestros compromisos y seamos una mejor pareja. Cuando nos sentimos cerca de alguien, sentimos instantáneamente más compasión y empatía. Estas dos cualidades son necesarias para una conexión amorosa.

Por muy excelentes que sean estas técnicas de unión, requieren el compromiso de ambas partes para ser completamente efectivas. Un resultado positivo requiere esfuerzo y atención; no cae simplemente en su regazo después de un intento. Mantenga estas actividades y ejercicios en mente para el resto de su futuro. Incluso cuando la comunicación en las relaciones es buena, esta no es razón para dejar de buscar oportunidades para crear vínculos.

Ejercicios y actividades que fortalecen las relaciones

- **Comience un diario de amor con su pareja**

Esta práctica hace maravillas para mantener conexiones románticas. Comience comprando un diario (idealmente juntos) que les guste a ambos. Si no viven juntos, intenten turnarse con el diario. Elabore un horario que se adapte a sus necesidades. ¿El diario pasará de manos semanalmente? ¿Quincenal? ¿Cuando te apetezca? Lo que sea que funcione para ti!

Si viven juntos, mantengan el diario en un área privada de la casa, pero por donde pasan con frecuencia. Una vez más, el arreglo de quién y cuándo escribir depende de usted. Aconsejo escribir algo todos los días, aunque sea muy corto, o tomar turnos. Si deciden turnarse, encuentren una manera creativa de indicar quién fue el último escritor, sin abrir el libro. Esto le asegurará que no la esté revisando constantemente para ver si ha sido actualizada.

Lo bueno de esta actividad es que usted puede hacer las reglas. ¿El libro estará lleno de cartas de amor? ¿Todo estará escrito en haikus? Si una pareja está molesta, ¿debe escribir una carta abierta y honesta sobre cómo se siente en el diario? ¿O esto sólo se reservará para el romance? Depende totalmente de ti.

- **Inversión de funciones**

Este ejercicio es ideal para cuando dos personas están tratando de estar de acuerdo con un problema. Para que este ejercicio tenga éxito, usted y su pareja deben estar tranquilos y dispuestos a cooperar plenamente. Si hay un indicio de sarcasmo o sarcasmo, abandone el intento e inténtelo de nuevo durante un mejor estado de ánimo.

En este ejercicio de inversión de roles, usted y su pareja tendrán una conversación sobre un problema a mano, pero ambos hablarán desde el punto de vista de la otra persona. Cada uno de ustedes debe pensar realmente en lo que la otra pareja diría y considerar las razones reales que podrían usar. Una de las razones por las que este ejercicio es tan efectivo es porque elimina la necesidad de"ganar" la discusión. Las parejas se ven obligadas a pensar profundamente en la perspectiva de sus seres queridos, y esto ayuda instantáneamente a las parejas a identificarse entre sí.

- **El ejercicio de contacto visual**

Para este ejercicio, usted y su pareja deben sentarse uno frente al otro. Lo ideal es que las luces sean tenues y que estén cerca unas de otras, pero no demasiado cerca. Donde quiera que se siente, asegúrese de que sea cómodo. También es importante que no se hable ni se toque durante este ejercicio.

Ponga un cronómetro durante cinco minutos y trate de mirarse a los ojos el uno al otro durante esos cinco minutos. El contacto con los ojos debe ser suave e ininterrumpido. No mire intensamente a su pareja y recuerde siempre parpadear como lo haría normalmente.

Se sorprenderá de lo rápido que pasan los cinco minutos. Las parejas pueden perderse tanto que pierden la noción del tiempo. Después de este ejercicio, usted sentirá una mayor sensación de conexión y sintonía con su pareja. Si ha aumentado la distancia entre ustedes dos, este ejercicio puede ayudarlos a volver a la misma longitud de onda.

- **Crear un tablero de visión**

Sea creativo con su pareja y trabajen juntos en un tablero de la visión. Un tablero de la visión es un collage motivacional de fotos, notas, y cualquier cosa que atraviesa el futuro que más les gustaría tener juntos. Esto puede incluir lugares a los que le gustaría viajar o fotos de la casa de sus sueños juntos. Lo que sea que los llene a ambos de esperanza, alegría y positividad sobre lo que está por venir. Es importante que ambas parejas contribuyan con algo a esta junta de visión. Recuerde que es su visión *compartida*, no sólo la fantasía de uno. Y sobre todo, diviértete con él. Esta es una manera increíblemente divertida de fortalecer tu conexión con tu pareja. No se necesita una racha artística para disfrutarlo!

- **Repasa las famosas'36 preguntas que conducen al amor'.**

En un famoso experimento realizado por psicólogos, un número significativo de personas sintieron una conexión más fuerte después de pasar por una serie de preguntas juntos. Muchos de ellos incluso afirmaron haberse enamorado. En última instancia, el experimento demuestra que cuando ambos miembros de la pareja se revelan a sí mismos, actúan de manera vulnerable y escuchan activamente a su pareja, se establece una conexión inmediata. Al forzar a dos personas a hacer justamente esto, se fomentaba un sentido de cercanía e intimidad. Aunque este experimento se llevó a cabo en personas que no se conocían entre sí, las parejas existentes todavía se benefician enormemente de este ejercicio de vinculación.

Las 36 preguntas se dividen en tres grupos, cada uno de los cuales se vuelve más personal que el anterior. Tomen turnos para contestar estas preguntas:

Set 1

1. ¿A quién invitarías a ser tu invitado a cenar, si tuvieras la opción de elegir a cualquiera en el mundo?

Comunicación En Las Relaciones

2. ¿Te gustaría ser famoso? En caso afirmativo, ¿de qué manera?

3. Antes de hacer una llamada, ¿ensaya lo que va a decir? Si es así, ¿por qué haces esto?

4. ¿Qué constituye un día perfecto a sus ojos?

5. ¿Cuándo fue la última vez que te cantaste a ti mismo? ¿Y cuándo fue la última vez que cantaste para alguien más?

6. Si vivieras hasta los 90 años y tuvieras la opción de elegir entre el cuerpo o la mente de una persona de 30 años durante los últimos 60 años de tu vida, ¿cuál elegirías?

7. ¿Tienes idea de cómo puedes morir?

8. Haga una lista de tres cosas que usted y su pareja parecen tener en común.

9. ¿Qué es lo que más agradeces de tu vida?

10. Si pudieras cambiar algo en la forma en que te criaste, ¿qué cambiarías?

11. Comparta la historia de su vida con el mayor detalle posible, pero sólo tardará 4 minutos y no más.

12. Si pudieras adquirir cualquier calidad o habilidad de la noche a la mañana, ¿qué elegirías?

Juego 2

13. Si te encontraras con una bola de cristal que pudiera decirte cualquier verdad sobre tu vida, sobre ti mismo, sobre tu futuro o sobre cualquier otra cosa, ¿qué es lo que más te gustaría saber?

Comunicación En Las Relaciones

14. ¿Hay algo que hayas soñado hacer durante mucho tiempo pero que nunca hayas hecho? ¿Por qué no lo has hecho todavía?

15. ¿Cuál diría que es el mayor logro de su vida?

16. ¿Cuáles son las cualidades y comportamientos que más valoras en una amistad?

17. Hablando de tu recuerdo más preciado.

18. Ahora habla de tu peor recuerdo.

19. Si supieras que morirías de repente en un año, ¿habría algo que cambiarías en la forma en que estás viviendo ahora? ¿Qué sería eso y por qué?

20. Describa lo que la amistad significa para usted.

21. ¿Qué tan importante es el amor y el afecto para ti? ¿Qué papeles desempeñan en tu vida?

22. Tomen turnos para compartir una característica positiva sobre el otro. Cada pareja debe compartir cinco cosas para un total de diez.

23. ¿Qué tan cerca está tu familia? ¿Están calientes el uno con el otro? ¿Crees que tu infancia fue más feliz que la infancia promedio?

24. ¿Cómo es tu relación con tu madre? ¿Cómo te sientes al respecto?

Juego 3

25. Tomen turnos para compartir tres declaraciones, cada una comenzando con "nosotros". Por ejemplo, "estamos en esta habitación sintiendo…"

Comunicación En Las Relaciones

26. Termina esta frase: "Ojalá tuviera a alguien con quien compartir..."

27. Si usted y su pareja se convirtieran en amigos íntimos, ¿qué sería importante que supieran?

28. Dígale a su pareja lo que honestamente le gusta. Esta vez, trata de compartir algo que normalmente no le dirías a alguien que acabas de conocer.

29. Hablando de uno de los momentos más embarazosos de tu vida.

30. ¿Cuándo fue la última vez que lloraste delante de otra persona? ¿Cuándo fue la última vez que lloraste sola?

31. Comparta algo que le guste de su pareja.

32. En su opinión, ¿qué es demasiado serio para bromear, si acaso?

33. Si murieras esta noche sin tener la oportunidad de comunicarte con nadie, ¿qué lamentarías más si no se lo hubieras dicho a nadie? ¿Por qué no se lo has dicho todavía?

34. Tu casa, que contiene todo lo que tienes, se incendia. Usted ha salvado a sus seres queridos y mascotas, y ahora sólo tiene tiempo para guardar un artículo más. ¿Qué salvarías tú? Por qué?

35. De todas las personas de su familia, cuya muerte es la que más le molesta? Por qué?

36. Comparta un problema personal con su pareja y pídale consejo sobre cómo podría manejarlo. Después de esto, la pareja que ofreció el consejo debe reflejar cómo parece que se está sintiendo la persona que hace la pregunta sobre el problema elegido.

Bond al instante con estas 8 divertidas actividades de pareja

Cuando se trata de eso, el secreto para nutrir su vínculo es salir de su zona de comodidad y darle a su pareja toda su atención. Siéntase libre de buscarlo de la manera que desee, pero le aconsejo encarecidamente que empiece con estos métodos altamente efectivos, bien conocidos por fortalecer los vínculos al instante.

1. Masajearse unos a otros

Este acto altamente sensual hace más que calentar las cosas, también pide a cada uno de los miembros de la pareja que se involucren en unos momentos de total amabilidad hacia su ser querido. Para la duración de cada masaje, una pareja está dando completamente a su pareja sin recibir nada a cambio. Se centran en el placer de su pareja y sólo se preocupan por crear una experiencia agradable para ellos a través del poder del tacto. La gente está tan acostumbrada a la intimidad física y al contacto estrictamente sexual que puede ser muy emocionante tener ambas cosas sin contacto sexual. Esta cercanía a través del contacto no sexual es lo que crea el vínculo. Para obtener el mejor resultado, ambos miembros de la pareja deben turnarse y cada masaje debe durar el mismo tiempo.

2. Salir a bailar

Bailar es lo más cerca que puedes estar de tener relaciones sexuales sin tenerlas! Por esa razón, el baile puede ser un verdadero punto de partida en una relación; no sólo en el departamento de la pasión, sino incluso en términos de nuestra conexión. No importa el idioma que hables o la cultura de la que seas, el baile tiene un don para inducir la alegría y liberar la tensión en el cuerpo. Cuando hacemos esto con nuestra pareja, nos expresamos sin decir una palabra. El acto de moverse en alineación y en ritmo unos con otros es su propio ejercicio de colaboración, y puede ser un símbolo maravilloso para amarse unos a otros en armonía. Si usted y su pareja están del lado de la cajera, ¿por qué no se toman un par de copas para abrirlo?

3. Hagan ejercicio juntos

Lo creas o no, numerosos estudios han demostrado que hacer ejercicio con tu pareja aumenta la felicidad general en tu relación. Los investigadores han encontrado que esto es particularmente cierto para los ejercicios que requieren que ambos miembros de la pareja se levanten y se muevan juntos de alguna manera. La unión ocurre a un nivel subconsciente cuando nos involucramos en el efecto espejo. Este es el proceso neurológico que conduce a la unión y se manifiesta como movimientos reflejados. Al coordinar nuestras acciones o reflejar los movimientos de los demás, estamos disparando neuronas espejo y, posteriormente, profundizando nuestro vínculo.

Y eso no es todo! Los estudios también han encontrado que hacer ejercicio con una pareja lleva a un mejor desempeño en el entrenamiento. Cuando alguien nos observa, es más probable que nos esforcemos más para tratar de evitar parecer débiles. Unirnos más fuerte y calentarnos más: ¿no suena eso como una gran idea?

4. Salir en una cita de lujo

La razón por la que las citas de fantasía tienen un efecto tan positivo es simple: nos saca de nuestra rutina y nos obliga a hacer que nos veamos bien para nuestra pareja. No es ningún secreto que cuando cuidamos de nosotros mismos y de nuestra apariencia, nuestra pareja nos encontrará más atractivos. Si a esto le sumamos un escenario emocionante que normalmente no experimentas y *voilà,* has empezado a reiniciar tu conexión. Si su relación ha comenzado a sentirse demasiado cómoda, entonces considere llevar a su pareja a un buen restaurante. La formalidad de una cita de lujo ofrece un cambio refrescante de estar en pantalones de chándal y puede condimentar instantáneamente una relación aburrida.

5. Visite la ubicación de uno de sus "primeros".

Cada pareja tiene una historia de amor única. Incluso si no fue amor a primera vista o tuvo un comienzo poco convencional, puede ser agradable dar un paseo por el carril de los recuerdos de vez en cuando. ¿Por qué no visitar el lugar donde se conocieron o donde tuvieron su primer beso? Volver sobre nuestros pasos puede recordarnos lo lejos que hemos llegado con nuestra pareja. Si haces esto con tu pareja, revivirás la emoción y las mariposas por un momento; los lugares con fuertes recuerdos inevitablemente nos hacen retroceder en el tiempo. Disfrute de estos recuerdos entre sí y saboree la belleza de su historia única, aunque no fuera perfecta. Recuerden que en un momento dado, donde están ahora estaba donde esperaban estar.

6. Hagan un viaje juntos

Un estudio realizado por la U.S. Travel Association encontró que las parejas que viajan juntas están mucho más satisfechas en sus relaciones que las que no lo hacen. Aún así, muchas parejas dudan en ir de viaje porque están convencidas de que hacer esto agotará su cuenta bancaria. Esto no es cierto en absoluto.

Para experimentar los beneficios de viajar, todas las parejas necesitan salir de su zona de confort (¡no sólo psicológicamente sino también geográficamente!) y ver algo nuevo y emocionante. Si usted tiene el presupuesto para ello, entonces seguro, visite París o Roma, pero también puede divertirse en un viaje por carretera al siguiente estado. Visite un Parque Nacional y alójese en un hotel de 2 o 3 estrellas, o en una humilde posada. Salir a la naturaleza. Haz algo que normalmente no haces. Este cambio de escenario puede proporcionar una ruptura muy necesaria con su rutina rígida y encontrará que su vínculo se profundiza naturalmente a medida que experimentan juntos el mundo más amplio.

7. **Visitar un parque de atracciones**

Niños o no, seamos realistas, los parques de diversiones son increíblemente divertidos. Si no tienes un miedo paralizante a las alturas, tómate un descanso de tu rutina y pasa un día con tu pareja. Su relación verá una serie de beneficios. Para empezar, los paseos emocionantes te darán un torrente de endorfinas, lo que significa que te sentirás abrumado por los sentimientos de felicidad y un subidón natural. También se le inyectará adrenalina, un neurotransmisor que se sabe que crea recuerdos en la mente. Esto significa que el maravilloso día que has tenido se solidificará en tu mente como un recuerdo feliz. Dado que usted y su pareja se encuentran en situaciones que provocan ansiedad, se vincularán mientras ambos buscan consuelo y calor el uno en el otro.

8. **Cocinar juntos**

Si usted está en un presupuesto, cocinar juntos es una gran manera de profundizar el vínculo, mientras que al mismo tiempo llenar el vientre. Cocinar requiere que ambas personas cooperen y trabajen hacia un objetivo común - ¡exactamente de lo que se trata estar en una relación exitosa! Esta es una gran práctica para entrar en la mentalidad correcta para la resolución de problemas y el trabajo en equipo. Cada persona está haciendo su propia contribución y el proceso desafía a ambas personas para que se pongan de acuerdo, o la comida entera se resiente.

Comunicación En Las Relaciones

Un proyecto de cocina nos enseña las habilidades que necesitamos aportar al resto de nuestra relación. Y además, nos unimos porque estamos creando algo juntos. Estamos combinando esfuerzos para conseguir un producto final tangible. Si logramos hacer una comida deliciosa, las parejas pueden crear un vínculo por encima del orgullo compartido. Probablemente sientan que pueden hacer cualquier cosa como equipo. Pero aquellos que no tienen éxito, no deben sentirse desanimados. Esto no es una reflexión sobre su relación; ¡puede que sólo necesite un poco más de práctica culinaria!

Desplácese por los sitios web de cocina o los libros de recetas y decida qué comida desea recrear. Esto debería ser algo que os guste a los dos. Si no tiene experiencia como cocinero, elija un plato con instrucciones lo suficientemente sencillas como para que las entienda y asegúrese de que posee todo el equipo necesario.

Incluso las parejas más cercanas necesitan tomarse un tiempo para profundizar su vínculo. No significa que no sea ya profundo, se trata de alcanzar y reconectarse para recordar por qué están allí. El tiempo y la rutina pueden agotarnos; busque momentos de intimidad para fortalecer su vínculo. Cuando actuamos desde un lugar de profunda vinculación, es más probable que la comunicación en las relaciones sea amorosa y efectiva.

Mantengan un corazón abierto y sean lo suficientemente valientes como para salir de su zona de confort para satisfacer las necesidades de aventura y variedad de cada uno. En lugar de sentir pánico sin sentido en un escenario incierto, trate de transformar ese sentimiento en el deseo de resolver problemas con su pareja. Acérquense a la vida con la mentalidad de que pueden hacer cualquier cosa si unen sus cabezas, y pueden resolver cualquier necesidad que tengan, si unen sus corazones.

Conclusión

Felicitaciones por haber llegado al final de *Relationship Communication*! Te des cuenta o no, has dado un gran salto en la dirección correcta. Esto no es sólo fantástico para ti, sino para tu pareja. Usted verá los beneficios que impactan sus hábitos diarios y con la práctica continua de estas técnicas, los días de comunicación tensa se sentirán como si ya hubieran pasado. Al completar este libro, usted ha demostrado su compromiso con una comunicación más efectiva y amorosa - y esta es una de las mejores cosas que podría hacer por la persona que ama. Estás en el camino correcto hacia una relación más fuerte. ¡Deberías estar orgulloso de ti mismo!

Si bien ha dado un gran primer paso, es esencial que no lo deje ahora. La comunicación en las relaciones es un viaje continuo; se te han concedido las herramientas y técnicas, pero ahora es el momento de usarlas en situaciones reales, en el mundo real. No haga de esto un intento efímero, pero incorpore estas prácticas transformadoras en su vida diaria y hágalas duraderas. Reinvente completamente sus normas y cree hábitos ejemplares.

Asegúrese de entender las cinco necesidades vitales que su relación debe cumplir para que ambas partes sean felices. Tal vez trabaje con su pareja para identificar cuáles de sus necesidades han sido completamente satisfechas y cuáles aún no han sido satisfechas. Este es un paso esencial que hay que dar antes de encontrar una solución. Una vez que haya hecho esto, evalúe su situación y vea si puede averiguar en qué etapa se encuentra su relación. Esto le ayudará a entender mejor por lo que está pasando, e igualmente útil, le mostrará qué más está por venir.

Espero que hayas sido honesto contigo mismo en el segundo capítulo. No se avergüence de admitir que su relación tiene un problema. Después de todo, *debemos* hacer esto antes de que podamos empezar a hacer cambios positivos. Esperamos que hayas identificado la razón por la que la comunicación no ha sido tan buena y que finalmente te hayas dado cuenta de cualquier error que estés cometiendo en este momento. Pero, por supuesto, no se limite a insistir en estos problemas. Como mencioné, necesitas empezar a crear mejores hábitos. Has aprendido todo sobre los hábitos que salvan las relaciones. Empieza a usarlos ahora mismo!

Has profundizado en las muchas maneras en que podemos expresar y recibir amor. Una vez que hayas descubierto cuál es el lenguaje amoroso de tu pareja, trata de pensar en maneras creativas de demostrarles cuánto te preocupas. De hecho, te recomiendo encarecidamente que repases la sección con ellos para que tú también puedas dar a conocer tu lenguaje amoroso. Cuando las parejas tienen una buena comprensión de los idiomas del amor del otro, mucho menos se pierde en la traducción. De repente, ambos miembros de la pareja están en la misma página. Sin toda la confusión de tratar de entenderse, pueden concentrarse en el intercambio de amor.

Aunque los hábitos son ciertamente útiles, las dos personas en una relación deben ser mitades sanas del todo para que realmente funcione. Para formar una gran sociedad y ser una buena pareja, es necesario que aprendamos a ser individuos emocionalmente sanos. No nos volvemos perfectos una vez que entramos en una relación; ¡todo el bagaje emocional y el trauma que experimentamos de antemano viene con nosotros! Si no tenemos cuidado, las heridas del pasado pueden filtrarse

Comunicación En Las Relaciones

en nuestros hábitos de comunicación y teñirlos con negatividad. Con las nuevas herramientas que se le han proporcionado, puede concentrar toda su energía en convertirse en una mejor pareja. Por fin puedes empezar a dejar atrás el pasado. Trate de ayudar a su pareja a hacer lo mismo. Al final del día, asegúrese de que están satisfaciendo las necesidades de cada uno - no sólo las cinco necesidades básicas, sino también las necesidades únicas que vienen con sus personalidades.

Trate cada situación delicada con cuidado. Sepa cuándo está tratando con una bomba de tiempo y consulte el capítulo correspondiente para conocer las técnicas que necesita durante las conversaciones difíciles. Si sigue esta guía de cerca, se asegurará de que, incluso durante las duras tormentas, siempre se mantenga a flote. No hay tal cosa como navegar sin problemas en una relación, pero puedes sobrevivir y aprovechar al máximo el viaje con estas importantes herramientas. Cuando manejamos estas situaciones de la manera correcta, se convierten en oportunidades para una intimidad más profunda. Se convierten en puertas abiertas en lugar de muros y callejones sin salida.

La comunicación en las relaciones no es algo natural para nadie; siempre requiere trabajo, compromiso e increíble autodisciplina. Es una elección que las parejas amorosas hacen el uno por el otro todos los días, y aquellos que hacen el esfuerzo, cosechan recompensas que otros apenas pueden imaginar. Manténgase consciente de sí mismo y haga lo que pueda para profundizar su vínculo. Incluso las personas que están excepcionalmente cerca necesitan encontrar tiempo para mantener su conexión. Deja que el amor que fomentas a través de estas lecciones potencie cada interacción de ahora en adelante. Les he mostrado el maravilloso camino que tienen por delante, ahora es su turno de recorrerlo juntos.

www.ingramcontent.com/pod-product-compliance
Lightning Source LLC
Chambersburg PA
CBHW030322100526
44592CB00010B/537